LIBROS
DE LA
CAVERNA

Trapos sucios

Confesiones desordenadas de una chica vulgar

Sonia Noya

LIBROS
DE LA
CAVERNA

1ª edición (abril 2025).

ISBN: 978-84-129348-4-7
Depósito legal: M-8568-2025

Impreso en España / *Printed in Spain* (2025).

librosdelacaverna.es
facebook.com/librosdelacaverna
instagram.com/librosdelacaverna

Es tu culpa, Diego Agulló.
Yo no había pedido nada.

Trapos sucios

Confesiones desordenadas
de una chica vulgar

Desde muy pequeña me gusta molestar.

Me pone ser disidente, tengo algo adolescente, naíf, prepotente.

En el fondo soy bastante buena, pero me gusta que me confundan con la mala.

Me habría gustado ser una Lydia Lunch, vivir solo para follar y drogarme. Mi debilidad por la decadencia habría podido llevarme a tropezar con los malos, pero siempre agradé a los buenos.

Como resultado, solo soy Sonia Noya, dispersa y diletante.

ME GUSTA la luz de un tímido sol entre las nubes tras un día lluvioso

las flores en la cocina

no me gusta trabajar en una oficina

gano dinero haciendo *performance*

hice dos traducciones de guiones

el estado alemán me paga por tener dos hijos

recibo dinero público por hacer música

creo en los milagros

ya no creo que Jehová sea el dios todopoderoso

actué en una película post-porno con 42 años

mi madre no lo sabe

mi hija no lo sabe

mi hermana sí lo sabe

creo en la fraternidad

creo en los amigos

si me dan a escoger entre ellos y el amor romántico, no sé qué decidir

mi mejor amigo se transformó en mi casi-novio

me pone su olor

me pone la gente inteligente

necesito reír mucho

a veces me pongo nostálgica

la vejez me enternece

los que fallan me enternecen

es difícil fallar todo por completo

lo sé por experiencia

tuve varías vidas antes de esta

en la próxima me gustaría ser la nariz de un perfumador

fui *business woman* antes de creerme artista

tengo el síndrome del impostor

lloré al descubrir la catedral de Strasbourg

tengo el síndrome de Stendhal

un día me pregunté si escribir con teclado me cambiaba la manera de pensar

tengo bolígrafos preferidos

por las mañanas escribo dos páginas a mano

amo las palabras, todas, sin excepción, aunque tenga mis preferidas

las que con nada se dice todo

no sé cuántos cuadernos míos tiene mi biblioteca

no tengo biblioteca

solo son pilas de libros amontonados en mi salón

suelo tener varios libros empezados

soy infiel

no me importa no acabarlos

el aburrimiento es mi peor enemigo

poseo la mitad de un cuadro comprado una noche de *speed* colgado frente a mi cama

me despierto cada día delante de un culo, de
una polla, de un calvo y un cubo

me emocionan las locuras

me encantan las resacas

me levanto de buen humor

excepto los días que me levanto de mal humor

tuve mi primer trío con dos mujeres

hasta ahora me rompí dos huesos

el plexus solar y el metatarso en las dos ocasiones

más de 2 gramos de alcohol en las venas

estuve a punto de morir dos veces

en las dos ocasiones sin alcohol en las venas

la primera, por peritonitis, me salvó mi hermano

la última, por dar la vida, me salvó un suizo
(curandero) en la mesa de quirófano

paró la hemorragia por teléfono

si tienes preguntas, hazlo por escrito:
sonianoyaberlin@gmail.com

creo en la magia

volé una vez en helicóptero

nunca sé qué contestar a mis amigas que me
preguntan por la maternidad

no decidí ser madre aunque sí un poquito

tengo la suerte de ser mujer en un país donde
tengo la suerte de decidir si quiero ser madre

no siempre me gusta ser madre

no siempre me gusta ser mujer

RESUMEN para los que se hayan perdido. Tengo 44 tacos, dos hijos, dos abortos, cuatro idiomas, un casi-novio, un marido de mentira y un ex en mi vida. Mi castellano es raro, se construyó en Suiza, con un vocabulario transmitido por mis padres gallegos, emigrados en los años setenta. Ahora mismo no tengo trabajo y estoy a punto de ya no tener casa.

Esto pinta mal.

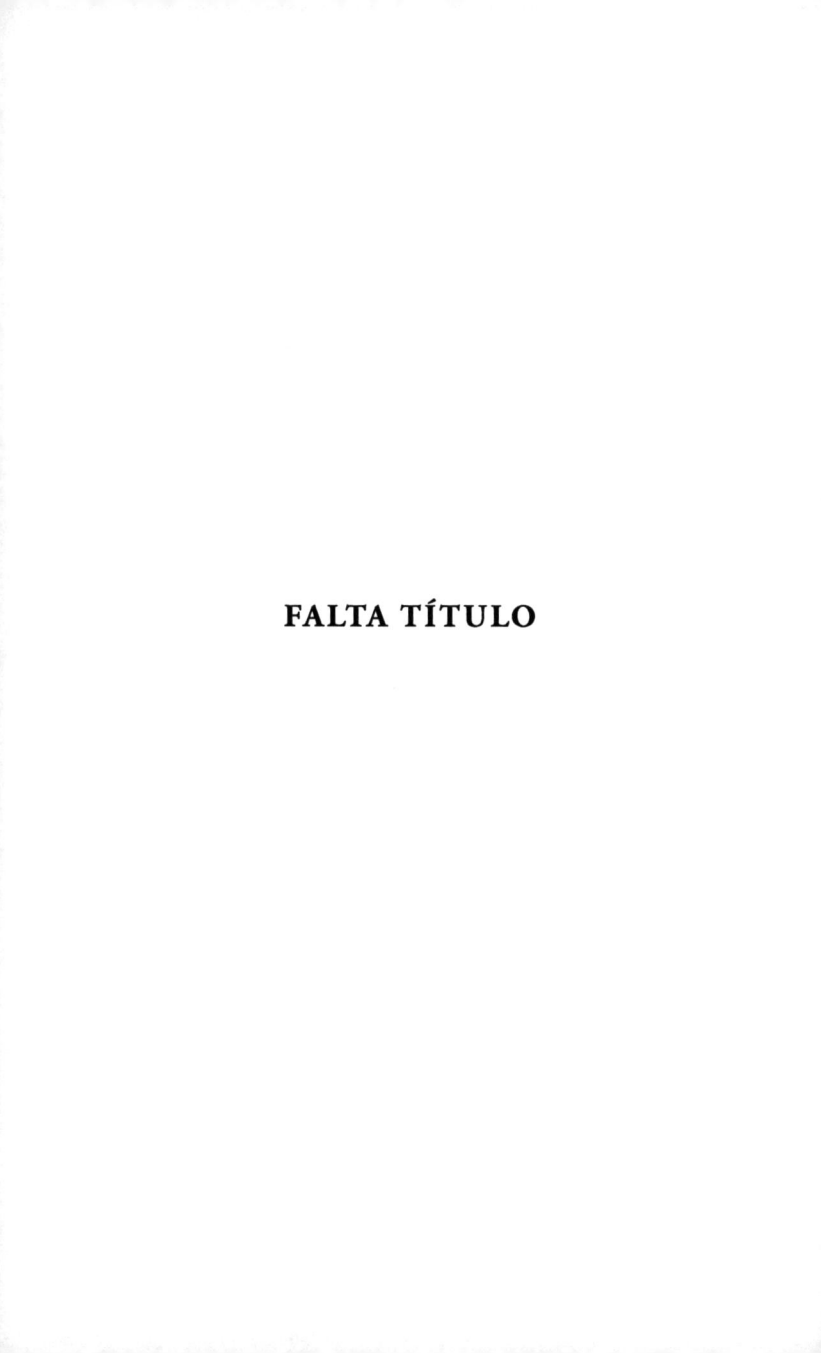

FALTA TÍTULO

M
a
r
t
e
s

HOY SOLO EMPIEZO las cosas. No las acabo.

Mis dos páginas de escritura de mañana, el diario de Sylvia Plath. Lo dejo todo a medias. Propuse a mi amante quedar, pero no puedo ni vestirme.

Me cuesta proyectarme, concentrarme. La noche ha sido larga.

Llevo un ritmo desenfrenado desde... ya no sé cuándo. ¡Sonia, joder, a ver si te reencarrilas y cambias de personaje!

11h32. Cielo azul con rastros ligeros de nubes blancas.

M
i
é
r
c
o
l
e
s

HOY ME LEVANTÉ cactus. No sé si es porque mi proyecto de música está estancado o si es porque tengo cita con el dentista o si es porque todo está incierto con la casa o si es porque no tuve mi café por la mañana o si es porque siempre voy corta de pasta o si es porque no me gusta mi corte de pelo o si es porque el verano se acaba o si es porque con 44 años todavía no sé qué voy a hacer con mi vida.

11h30. Cielo con una gama de grises apagados.

J
u
e
v
e
s

HOY YA SÉ por qué estoy enfadada. Estoy enfadada porque tengo extractos de diarios donde mi vida era mucho más interesante. Estoy enfadada porque ahora mismo mi vida me parece aburridísima. ¿Cómo voy a darle un ritmo a un texto cuando el *highlight* del día es llevar a mi niño al cole? No. Estás enfadada porque tu casi-novio, que también es tu guitarrista, no se quiere ir de gira. Estás enfadada porque hace meses que no te salen letras para nuevas canciones. Estás enfadada porque ahora nada te pone, nada te toca, nada te llega, a no ser Albert Pla y su canción *Todo es mentira*.

10h24. Cielo azul con nubes grises amenazantes.

Sábado

Hoy me desperté de buen humor. La casa está silenciosa, solo está mi hija. Dejé trasnochar al pequeño en casa de su amigo. Como siempre, Sid quiere quedarse en casa de su amigo, hasta el punto que ya no quiere quedarse en casa de su amigo. Ahí empezaron las negociaciones entre mis ganas de ver a mi casi-novio y la culpabilidad de ser mala madre. Ganó la mala madre y me fui a ver a mi guitarrista.

Hablamos, bebimos, reímos y discurrimos de la sesión que tuvimos por la mañana en el estudio, sin tocar las cosas que enfadan... La puta gira. Acabamos la botella de tempranillo sin sulfitos y acabamos de hablar. Me propuso quedarme a dormir. Le dije que no. Mi hija mayor estaba sola en casa. Ganó la buena madre.

13h42. Cielo esparcido de azul con nubes en forma de puzle iluminadas por un sol indeciso.

Domingo

Hoy Diego está escribiendo frente a mí. Diego es mi marido, así me gusta llamarle, porque no follamos pero vivimos juntos. El lleva una editorial de libros que mezclan teórica y práctica. No sé cuántos libros escribió. En algunos de ellos hasta me puso en los agradecimientos, y a mí me da vergüenza porque no los leo, son demasiado intelectuales. Como los de Paul B. Preciado: por mucho que lo intento, no doy.

De *Testo Yonqui* me leí toda la parte de cuando follan con Virginie y toda la teórica me la salté. A Despentes sí que la leo, porque escribe con los puños, sus palabras me llegan como *uppercuts*. Anthony se compró el último, *Cher Connard*. Dice que me lo va a pasar; porque no le enganchó.

Anthony es mi ex y también el padre de mis hijos. Y no sé cómo lo hicimos, pero seguimos amigos.

2h26. Cielo azul marino sin estrellas.

D
i
l
l
u
n
s

HOY ME DESPERTÉ con su cuerpo a mi lado. Hoy me desperté con su sonrisa y sus burradas que me hacen reír. Hoy me desperté con mi amigo, mi amante, mi guitarrista, mi casi-novio. Quizás sea demasiado peso para un solo hombre. A veces se queja de que soy muy exigente. Quizás tenga razón. Además también es mi musa, pero eso no se lo digo; si no, me echará la bronca. Él es técnico de teatro el lunes, artista el martes, separatista el miércoles y el resto de la semana hace malabarismos con todo eso, aparte del domingo, cuando no le importa nada. También es padre de unos hijos que se criaron con los míos. Vamos, que la liamos.

Me enamoré de lo prohibido… Me gustaría creer en la anarquía de las relaciones y pensar que el amor es gratis, pero por lo que sé, siempre hay algo que pagar.

23h04. Cielo negro sin puntos de fuga.

PRODUCTIVA

Puedo quedarme horas sin hacer nada, desplazándome por mi casa. Fumando y pensando.

De la silla en el salón al sofá, del sofá a la silla en el balcón, de la silla en el balcón a la cama, de la cama manchada de cenizas.

Puedo quedarme horas sin hacer nada. Desplazándome por mi intimidad, con un cigarrillo en la mano y una taza de café.

De la silla del salón al sofá, del sofá a la silla en el balcón, de la silla en el balcón a la cama, de la cama a la masturbación.

Puedo quedarme horas sin hacer nada. Intentando lidiar con lo de dentro, si lo estoy haciendo bien o si estoy fracasando.

Puedo pasar días por mi calle, con los labios pintados y las uñas mordidas. De mi casa al *späti* de la esquina, del *späti* de la esquina a mi casa, de mi casa al *späti* de la esquina, del *späti* de la esquina a mi casa.

A por tabaco, a por cervezas, a por más cervezas, a por tabaco, a por otras cervezas.

Puedo quedarme horas sin hacer nada, con un cigarrillo en la mano, bebiendo una cerveza, sentada frente a mi ordenador.

Liando un cigarrillo, escribiendo una palabra, dando un trago a la cerveza, encendiendo un cigarrillo, acabando una cerveza, abriendo otra cerveza, apagando un cigarrillo, bebiendo otro trago, escribiendo otra palabra.

Los días se siguen, las palabras persisten y poco a poco se convierten en frases, y poco a poco se resume mi vida.

«Habrá que utilizar al máximo los mecanismos de solidaridad social (subsidio de desempleo, etc.)... No se sienta excesivamente culpable a este respecto. El poeta es un parásito sagrado».

Extracto de *Seguir vivo, método*, de M. Houellebecq, quien cita a Jules Renard:

«La profesión de las letras es la única en la que sin hacer el ridículo se puede no ganar dinero».

El Estado alemán dice que no gano bastante dinero como artista. Y que tengo que tener un plan para llegar hasta mi jubilación.

Calculo: tengo 44 años, la jubilación en Alemania es a los 67, así que tengo que tener un plan para los próximos 23 años. Esa ha sido la pregunta de Herr Siebenbrot cuando me citó en su despacho del Job Center hace un mes. Como no supe qué contestar, y pillándome la mirada desconcertada, me propuso un *coach*. Alguien que iba a desvelar el secreto de lo que puto debía hacer con mi vida. Alguien que me iba a ayudar en sacarme la empanada que tengo encima. Alguien que por fin me iba a centrar. Así que acepté.

Mi *coach*, Frau Heuser, es una tipa de unos 60 años, de carácter franco y algo punky en su manera de ser.

—A ver, cuéntame: ¿qué estás haciendo?

—Eh. Pues curro como *performer*, pero ahora mismo no me sale gran cosa. Estos últimos dos años hice un par de traducciones, actué en una peli y también tengo un proyecto de música.

—¿Y se puede escuchar algo de ese proyecto?

—Sí, en el Bandcamp...

Fue así que conocí a mi *coach*, escuchando a la Dernière Mode en su oficina. Ahí estaba yo, sentada en una silla gris en un despacho formal, seriamente administrativo, frente a una tía que decía que lo que yo hacía era genial. Para eso servirán los *coachs*, me digo yo... ¡para animarte!

—¡Esto tiene que ser conocido! Es muy personal lo que hacéis. Me gusta mucho tu voz. ¿Y ganáis dinero con eso?

—A veces, hace poco recibimos una subvención pública.

—¡Ese dinero no lo declares, eh!

—No, no, tengo una cuenta *of shore*.

—Bien. ¡Es que lo del Job Center es muy precario!

—Ya, aunque, bueno, a mí me permite hacer este tipo de cosas.

—Hmm, déjame pensar cómo podrías ganar más dinero; nos vemos el miércoles.

Esa primera vez me fui a casa contenta. Sin respuesta a lo que iba a hacer durante mis próximos 23 años, pero al menos durante la entrevista me lo había pasado bien.

A partir de ahí, Frau Heuser se convirtió poco a poco en una vieja amiga o en una abuela dándome consejos. Yo le digo que soy un caso difícil: escribo, pero en español; canto, pero en francés; y vivo, pero en Alemania. Esto le hace reír. Solo nos peleamos cuando insiste con el puto USP: *unique sale proposition... Si* yo no tengo ningún *unique sale proposition*, señora; si yo mi problema es que soy dispersa. Pero Frau Heuser se empeña en querer hacerme ganar dinero y en que por fin entre en el sistema.

—¿Que contestas cuando te preguntan en qué trabajas?

—Depende. Hay veces que digo que no trabajo.

—¡Fatal para la imagen! ¡Eso no puedes decirlo!

—¡Es que tengo Marte y Saturno en la casa I en mi carta astral!

—¿*Entschuldigung*?

—Pues Marte me empuja pero ¡Saturno lo frena todo!

—¡Te gusta provocar!

—Puede ser, a veces también digo que escribo.

—¿Y sobre qué escribes?

—Bueno, se acerca un poco a una autobiografía...

—¿Y en qué la vida de una chica de unos cuarenta años puede ser interesante?

—¡Ya! Esa es una pregunta muy pertinente a la que no puedo contestar, pero es que yo no había pedido nada: ¡es la culpa de Diego Agulló, señora!

—¿Y se puede por fin saber por qué es la culpa de Diego Agulló?

—Porque él insiste en que tengo que publicar y ha sido con tanta persistencia que empecé en creérmelo.

—¡Pero la vida no es un *Pony Hof*, señorita! Uno tiene que trabajar, ganar dinero. Si no, ¿cómo va a funcionar todo nuestro sistema?

—Pero si ya vemos que todo se está yendo a la mierda.

—¿Qué pasa? ¿Que te crees que me hace gracia estar ocho horas en mi oficina intentando hacer entrar en sus casillas a gente a la que no le importa un carajo? Yo también pintaba, antes... ¿Sabes?

—¿Y por qué paró?

—Bueno, la vida, quizás me faltó un Diego Agulló a mi lado. Aunque hace poco volví a mirar mis pinturas y me entraron las ganas otra vez. Pero no nos desviemos, que yo tendré que hacer un informe a Herr Siebenbrot, y si no le convenzo de que vas a poder salir del Job Center dentro de un año con tu actividad artística, te va a poner la presión en buscarte un trabajo de mierda. Venga, nos vemos en una semana, y léete *La Fêlure* de Francis Scott Fitzgerald, que seguro te interesa.

«Lo que caracteriza a una inteligencia humana de primer orden es su capacidad para mantener simultáneamente dos ideas contradictorias sin perder su capacidad de funcionamiento. Por ejemplo, uno debe ser capaz de ver que las cosas no tienen remedio y, sin embargo, estar decidido a cambiarlas.»

Extracto de *La Fêlure*, de Francis Scott Fitzgerald.

PRINCIPIO

DESORDEN del día.

Empecé el *microdosing* de LSD para por fin ponerme a escribir seriamente.

Los ruidos de la mañana.

La nevera, los pasos del vecino y el paso del tiempo.

Entre los tres, el tiempo es el más silencioso.

Siete gotas. Quizás me haya pasado un poco.

AMOR ETERNO, me parece demasiado; *too much*, una enormidad, una mentira, una palabra caramelo que me quiero tragar. Tengo que escribir con los dedos, pero me gustaría escribir con el corazón. "Amor eterno" son dos palabras muy contradictorias, muy de borracho, porque solo un borracho del corazón puede sentirlo.

Te quiero de un amor muy nuevo, nada desgastado. Te quiero quizás, te quiero *peut-être*, te quiero *vielleicht*.

Viel-leichter.

Derribo-Derrida.

I-D-I-O-T-A-S

ES ABRIR una maleta sin miedo a quedarse para siempre

es una amistad, una tontería *commun*

es saber que el invierno te despliega y que odio la mezcla del bonito-pepino

es dejar el traje del personaje y dejarse ver sin maquillaje

es tener un cuadro para dos y una casa cada uno

es una guitarra y una voz

el sueño de una niña

es querer poner palabras al vínculo y entender que sobran un par de letras

es sal de mi vida, es anticonformista

es construir un muro en Berlín para dar más espacio

es presentarse como idiotas con carta de visita

LA TRANSICIÓN

A VER si consigo revisarlo antes de enviarte este *mail*. Mi impulsividad me impide chequear mis verdades. Pero lo que más me cuesta es caer desde mi propio muro de mis verdades discursivas. Me doy cuenta de que mi camino poliamoroso está lleno de trampas, me doy cuenta de que poco importa la filosofía de las relaciones, uno NO da para escapar del sufrimiento. Soy *naïve*, me cuesta aceptarlo.

Debería aprender de ti. Tú sufres en silencio, molestar lo menos posible con tus emociones, trabajándolas o comiéndotelas sin importunar al otro. Mi religión, sin embargo, es expresar mis vulnerabilidades para poder conectar con los demás. Pero tengo que reconocer que muy pocas veces me he sentido tan poco *sexy* como hoy, escribiéndote esto. Es que tener la necesidad de hablar de eso que siento por ti ya supone que algo ha cambiado. Y me gustaría que nada cambiase. Me gustaría contarte lo mucho que los otros me hacen sufrir, mis estrategias para hacerles caer en mis trampas, me gustaría ser lo que fuimos, me gustaría ser como antes, cuando tú llorabas por otras y yo escribía canciones de amor que no te preocupaban. Juntos les poníamos música triste. Juntos nos consolábamos en los bares.

Quizás en este momento debería decirte lo mucho que te   , pero sería redundante, ahora lo que me importa es decirte otras cosas, quizás más importantes. Y ahí... las palabras no me salen... Quizás hubiera tenido que empezar por esto... quizás me sienta triste, quizás tenga miedo de no dar lo necesario. Será que me siento algunas veces demasiado y muchas veces poco. Será mi intensidad. Será querer pasarlo bien sabiendo que esto va a acabar mal.

HAY
que
tener morro
para construir un muro
en Berlín 2019

No hubo clavos, solo lo mantiene la técnica de la presión que desarrollamos tú y yo esa primavera en la que nos enamoramos.

Está compuesto de:

- 21 listones de madera barata.

- 1 ventana (*old school*) encontrada en la calle, sin vidrio.

- 1 estantería Billy de Ikea recuperada de un vecino.

- 9 elementos de policarbonato transparente.

El muro se construyó para crear espacio. Tiene algo paradójico.

Mide 6 × 4,30 metros.

Costó 225 héroes.

Se hizo en una semana, en las vacaciones de Pascua.

En mi vida, las cosas nunca son del todo.
Mi novio es casi.
La pared es falsa.
Tengo hijos la mitad del tiempo.
La pared es falsa.
Tengo casa pero no sé hasta cuándo.
Las paredes son falsas.

Me gusta crear la ilusión.
Me miento, me engaño a propósito.
Tropiezo, me caigo.
Me agarro a las esquinas.
Me rasguño con las paredes.
Me hago daño.
Te hago daño a veces.

Es un muro de mentira.
Tiene agujeros.
Deja pasar la luz.
Ni te hablo del ruido.
Al norte, mi hija.
Al sur, su hermano.

Tuviste miedo de encarar las montañas.
Irte de vacaciones conmigo.
Dices que soy demasiado intensa.
El muro se convirtió en nuestro destino.

Diseñar, calcular, comprar, follar, serrar, volver a comprar, tachar, re-diseñar, re-calcular, re-comprar, re-follar, re-serrar, reconstruir.

Las vacaciones me salieron baratas, mis hijos tienen un espacio cada uno, nosotros seguimos nuestro rumbo, conscientes de que nos vamos a estrellar.

CARA A LA PARED

Tú ERES como el LSD, mi cuerpo lo asimila rápido. Cuidado, haz una pausa para no acostumbrarte.

¡POR FIN me afirmo!

Observo cómo se forman las nubes. Escucho las voces de la calle.

Miro la gente trabajando. Las luces que se encienden. Las mismas que se apagan. Soy una contempladora.

Pero todavía no es oficial.

AYER NOS ENFADAMOS y tiré por el váter lo que me quedaba de LSD.

Hoy

HABRÍA PODIDO decidir venir a verte en el HKW el jueves. Mirarte, observarte para entender ¡qué tienes tú! que no encuentro en los demás. Pero, ¿con qué sentido? Esas cosas no se pueden explicar. El miércoles me prometí no volver a verte y sorprendentemente hoy sigo pensando lo mismo, aunque me va a costar, porque lo más difícil es cambiar lo cotidiano. Y por muy estéril que sienta nuestra relación en estos momentos, hablando de futuro y de proyectos comunes, el cotidiano sí que lo construyo contigo. O quizás debería decir ¿destruyo?

Me río porque antes nos hacía gracia saber que íbamos «*droit dans le mur*», pero ahora más se acerca la pared y más acojona saber que juntos nos la vamos a pegar. De alguna manera, aunque me duela por otros sitios, me tranquiliza nuestro silencio común, me tranquiliza saber que tenemos un sentido común, que no queremos estrellarnos, ni juntos ni con nadie.

19h52. Cielo alumbrado por un sol cansado.

Hoy

Me tomé un café antes de ir al estudio esta mañana. Después de un rato, la camarera salió a preguntarme si *¿Alles in Ordnung?*

Quise gritarle que no, nada está en orden, porque ya no tengo guitarrista, ya no tengo trabajo, ya no tengo amante, ya no tengo casi-novio, ni sé si tengo amigo y casi ya no tengo casa y como si no fuera poco: ya no tengo *sampler...* Pero sonreí y le dije que sí, todo bien.

16h11. Cielo brillante de esperanza nublada.

Hoy

Me he comprado la SP-404. A partir de hoy te puedo sustituir por una máquina. Me pone saber que te puedo sustituir.

A partir de hoy, todo es posible.

15h44. Cielo azul maya con luna aparente.

Hoy

No me hables de él.

No me digas que te has puesto su jersey.

No me creo que has preferido no ir a la expo por un vaso de vino y empezar este texto.

Tú no eres yo.

Lento, paciente, responsable e independiente.

Tú, sin embargo, tú eres la mosca en la cocina, la bolsa de plástico enganchada al árbol vecino.

Eres inquieta e imprevisible, llegas cuando te apetece.

Eres la última en salir, la última en la cola. La última moda. La *Dernière Mode* en francés.

Vas a contracorriente, no soportas ser como la gente.

Eres una niñata, quieres dar la nota fa-si-la, fácil, con acento del norte.

Tú te haces la valiente, yo recojo los trozos. Cara contra frente.

Tu rabia contra mi fuga.

Tú, *naïve*, yo consciente, tú, tú, tú, siempre tú y tus aires. Tramontana, Mistral, Poniente.

¿Si fueras una pintura? Harías parte de *Dekadenz und Dunkle Träume* del simbolismo Belga. ¿Una educación? La de los Testigos de Jehová pervertida por el punk. ¿Te acuerdas cuando ibas con tu faldita predicando de puerta a puerta? En una mano la biblia y en la otra tu inocencia. A los quince decidiste cortar con la fe. Tú querías vivir la vida por el lado bestia. La autoridad siempre te molestó. ¿Será por eso que decidiste con diecinueve irte lejos, muy lejos de casa?

No.

Decidiste irte porque estabas enamorada de un chico que te ofrecía la vida que te imaginabas, trabajar poco, viajar lejos.

Indonesia, Camboya, Nepal, Malasia, islas, playas, Senegal, Mali, Burkina Faso, Guinea Bissau. Ocho años de sol.

Comprando, vendiendo, viajando, viajando, comprando, vendiendo, viajando.

Hasta que te cansaste. Al final siempre te cansas. Más que nada de ti misma. Ciclos que se cierran.

Ya sé en lo que estás pensando. En la poesía de Baudelaire, *Ennivrez-vou*, emborrachaos (para los no francófonos).

> «Hay que estar siempre borracho. Todo está ahí: es la única cuestión. Para no sentir el horrible fardo del Tiempo que te rompe los hombros y te inclina hacia la tierra, hace falta emborracharse sin parar.
>
> Pero, ¿de qué? De vino, de poesía o de virtud, de lo que quieran. Pero emborráchense...».

Aquí el *link* para los interesados:
https://lyricstranslate.com/es/enivrez-vous-emborrachense.html

Emborracharte, eso sí que sabes hacerlo.

¿Cómo cagarla con tus amigos?

Un *CRASH-COURS* para aprender la técnica rápida de Sonia Noya alias Mowgly.

En este *workshop* se introduce:

- Cómo mantener el nivel de los parámetros (siempre a tope).
- Las tácticas de sorprender a tus amigos (el límite es el cielo).
- Las estrategias básicas para que no te vuelvan a llamar (personalizadas).

Este taller es para cualquier persona que en su vida diaria se encuentre en ecuación perfecta en cada situación y necesite echarlo todo a perder.

Todos los niveles están aceptados.

Facilitator:
Sonia Noya *(chercheuse «del bordel de merde»* desde 1978). Su investigación del caos se expandió en diferentes campos, empezando por su familia nuclear (Premio Nobel, 2014). Su *recherche* se especializa en el

dominio de la mala reputación. Así, desde 2018 sigue profundizando el *bordel* en el ámbito de la amistad, en la muy avant-guardista berlinesa co-comunidad.

Mowgly

Todos mis amigos le conocen, menos yo.

Por lo que me cuentan, puede: tirarse de un taxi en plena carretera, colgarse de un puente, subir a la farola, salir por la ventana, sangrar por haber bailado descalzo en la pista llena de vidrios, romperse el pie por saltar de una mesa, romperse el dedo por bailar *breakdance* en la calle, romperse el plexus solar sin saber qué coño pasó, morder el cuello de una desconocida e inocente chica en la fiesta de cumpleaños de una amiga, colarse en la cama del mejor amigo de su compi de piso que está de visita, follar con el padre del hijo de su otra compi de piso que está de visita, llegar a casa sin zapatos, sin llaves y sin teléfono, pelear con mercenarios en los bares de Vicenza, abrazar a los borrachos violentos de Kreuzberg, conseguir hacerte entrar como VIP en el Berghain un sábado por la noche y ser *persona non grata* en el bar más chungo de Schlesi.

El Mowgly no tiene filtros, o si los tiene están multiplicados, agudos e incisivos. Mi casi-novio dice que se le ve una ausencia en la mirada. Mi marido dice que es lúcido y que te suelta cosas afiladas. Mi ex pretende que el Mowgly me proteja de los gilipollas.

El caso es que necesito a los demás para que me lo describan.

Según el diagnóstico de la sección *psychiatrica* del hospital de Charité, no soy ni bi-polar, ni esquizofrénica, ni depresiva. Solo soy un bicho raro, que puede parar de beber una semana entera cuando es madre y echarlo todo a perder cuando no tiene estructura.

—¿Qué quieres hacer? —preguntó la doctora.

—¿Cómo? ¿Parar de beber no es la única solución? —pregunté yo.

—No, también podrías intentar controlar, aunque es bastante más difícil.

De la consulta salí con deberes. Anotar durante tres meses mi consumición, las horas, las circunstancias y los ánimos.

Duró unas semanas, quizás un par de meses, antes de que el Mowgly volviera a visitarme. Vino de sorpresa, como siempre, cuando menos me lo esperaba.

Mi marido bailó el problema, mi casi-novio lanzó el teléfono contra la pared y mi ex me habló de Camille Gervasoni.

Camille tiene un gato. Lo sé, porque el olor a croquetas me molesta. Camille me pregunta cosas raras. Me hace escoger colores para los animales y otros para mis emociones mientras me da toquecitos en las rodillas. Me explica que eso es para que las frecuencias vayan al cerebro. Cuando salgo de su casa nunca sé cuánto duró. Lo que sí sé es que el Mowgly se ha calmado tras mi primera sesión.

Mowgly

Hay noches en las que uno tiene que saber quedarse mudo, tirado en la cama, entre las sábanas frías y los helados del verano.

Escuchar subir el ruido de la calle y las llamadas perdidas de un teléfono olvidado en el bolsillo.

Puto equilibrio que no para de llamar, ¿será urgente o solo para quedar?

Dios, que no sea para recordarme que hay que cuidarse.

Que es una de esas noches que no quieres escuchar, no quieres entender, solo quieres tocar aunque sea solo un poquito los cojones. Y te bajas a la calle con el diablo en tu punto de mira, donde ya sabes que no encontrarás a nadie, ni siquiera a ti misma.

—No te hablo.

—Buenos días, pfff, sí, háblame, por favor, que ya tomé un café... Estoy fatal.

—¿Qué tal ayer?

—Beuh... Creo que la lié.

—Ya, al llegar, cuando te vi en la cocina, tenías la mirada virulé.

—¡Ah sí! ¿Nos vimos?

—Cómo... ¿no te acuerdas?

—Nope, además intento llamar a mi novio, o futuro ex-novio, y no me coge.

—Bueno, yo hice un par de apariciones y te veía tranquila, él estaba más hablador.

—Es que estuvimos cocinando y bebiendo todo el santo día, pero no llegábamos a comer. ¿Te dejamos todo el tinglao en tu habitación?

—Tres habitaciones ya no son suficientes para ti. Me quieres echar.

—Qué va, tío, estuvimos ensayando para el concierto en París, y la acústica en tu habitación es mejor. Pero, ¿está recogida?

—Sí, sí, todo impecable. Oye, que hoy viene Alan Pauls.

—Alan Pauls. ¿Cómo? ¿A qué?

—¿De eso tampoco te acuerdas?

—Pfff, ¡*nein*!

—Pues nada, que viene a comprarme un libro.

—Jajaja... ¡*mol fort*! Pero vaya, que no sabía que vivía con el famosísimo Diego Agulló.

—¿Dónde lo acogemos?

—Si quieres en mi salón.

—Vale, y te lo presento. ¿Qué escenario preparamos?

—¡¿Que vamos a preparar un escenario?!

—Aluminio, a la virulé.

—Estás mal de la cabeza. Pfff, por qué no me coge el teléfono ese chico...

—Bueno, ayer, cuando volví por la noche, al preguntarte si la habías liado mucho, me contestaste que creíais que no.

—Joder, no puedo más de ser Sonia Noya, quiero intercambiar identidad.

—Por experiencia, siempre te pones así y al cabo no pasa nada, ya te llamará.

—Es que le llamé tres veces, tío.

—Seguramente habrá una explicación muy simple. Me está escribiendo.

—¿Quién?

—Alan Pauls. Si eso son los planetas, Sonia, pero no los de Islamabad, son los planetas de verdad, se están alineando, imagina, le acogemos y le lees uno de tus textos.

—Jaja. Estás fatal, a mí no me líes, ¡eh!

Más tarde...

—Pfff, me llamó, todo bien, todavía me soporta, qué angustita me quedé.

—Me alegro, no te mereces quedar en ese agujero.

—No sé qué haría sin ti.

—Dame un abrazo. Alan Pauls viene a las 5, habría podido escoger la opción de envío postal, quiso ahorrarse 3 héroes.

—Qué va, lo que quiere es conocerte. ¿Qué libro te compró?

—Adivina.

—*Risking the Self.*

—Sí.

—Joder, cómo arrasas con ese libro.

—Bueno, es porque tiene tres palabras claves: filosofía, psicodélicos y Tai Chi. No es un libro fácil, creo que solo un 3% se lo habrán leído.

—Es que tus títulos lo dicen todo.

—Soy tan buen escritor que solo con leer el título ya basta, no hace falta leer el resto del libro.

—Yo al menos conozco a tres personas que se lo leyeron. Deberíamos leernos uno del Alan Pauls.

—*El Wasabi*: un tío que está invitado en una residencia de escritores y que no le llega ninguna inspiración. Creo que es bastante absurdo. Al final se obsesiona con matar a Klossowski.

—No conozco a Klossowski.

—Un pirado, colega de Bataille. Habla del «conocimiento patético», que conduce al lector a una experiencia irracional donde no hay concepto sino afecto. Le lleva a interpretaciones ambiguas, contradictorias y provocadoras que desencadenan una actividad cognitiva desenfrenada de carácter pasional o patético. Pero, ¿cuántas botellas de vino os bebisteis ayer?

—Ni quiero saber.

—Sonix, se te está yendo de las manos.

—La perfección nunca ha sido mi ambición.

—¡Qué diferentes somos, Sonix!

REBOBINAR

1983

EN 1983, el actor Louis de Funés se despedía de este mundo, Michael Jackson lanzaba su single Billie Jean, el presidente polaco Lech Walesa recibía el Premio Nobel de la paz y yo con cinco años aprendía la incoherencia.

1983 también fue el año en que mi madre empezó a estudiar con los Testigos de Jehová.

Para los que no conocen a los Testigos de Jehová: suelen estar en sitios de mucho tránsito (pasaros por el puente de Kottbusser Damm un día de mercado), ahí se postran ofreciendo revistas, anunciando el fin de este mundo, la llegada del paraíso o sugiriendo preguntas metafísicas. Lo de ofrecer revistas no es el término exacto, porque en Alemania son considerados como secta, lo que les prohíbe acercarse directamente a la gente. Por eso esperan a que la gente se acerque a ellos.

Los hombres van de traje y corbata, las mujeres siempre van con falda, tanto en verano como en invierno. Insisto sobre la ropa porque a partir de 1983, el año en que mi madre integró los Testigos de Jehová y yo aprendía la incoherencia, también tuve que renunciar a llevar pantalones los lunes, los miércoles y los sábados. En invierno no me importaba porque no se me veían los pelos, pero en verano lo pasaba fatal. Así empecé a afeitarme las piernas a los diez años, pero eso es otra historia.

Esos tres días de la semana acontecían las reuniones donde se estudiaba la Biblia. Para ser precisa, la denominada *Traducción del Nuevo Mundo de las Santas Escrituras* publicada por la Watch Tower Bible and Tract Society of New York, Inc.

Con distancia podría decir que ahí se estudiaba *marketing*.

Allí aprendíamos, cada lunes, miércoles y sábados, cómo integrar más miembros a una organización que solo se mantiene con donaciones.

Pero con, la misma distancia, tengo que confesar que, en esa época, a esas personas las consideraba como mi familia.

Los Álvarez, los Menale, los Martín, los Couto, los Puente, los Espejo, la Yolanda, la Conchi, la Vilariño, la Anabelle, las hermanas López, Béatrice y Monica, Elías, Daniel, Jonathan y todos los que hacían parte de la congregación española de Lausanne, en Suiza. Un nicho dentro de un nicho. Éramos tan pocos y tan unidos, éramos elegidos y raritos, perfectos para ser mártires.

A partir de 1983 aprendí que existía «la gente del mundo» y que por otro lado estábamos nosotros.

El mundo era un sitio peligroso, y tener amigos del mundo estaba desaconsejado. También estaba prohibido festejar los cumpleaños y las navidades: todo eso era pagano. Ni podíamos comer alimentos con sangre, ni recibir transfusiones. A menudo surgían casos en el periódico donde se explicaba cómo los Testigos de Jehová dejaban morir a sus niños por negarse a recibir sangre. Pero nosotros sabíamos que Jehová era un Dios de Amor, y que a esos hijos íbamos a volver a verles pronto en el Paraíso.

Antes tenía que venir el Apocalipsis, y aunque a los pequeños nos daba mucho miedo, porque el libro rojo de la *Revelación* contenía imágenes donde la gente se ahogaba, con caras de horror, en mares ensangrentados, comprendíamos que el Armagedón sería la guerra final y que Jehová iba a ganar.

Eso lo estudiábamos en las reuniones, dos horas por día, tres días a la semana.

También nos enseñaban cómo tenía que comportarse un Testigo de Jehová.

Un Testigo de Jehová no podía creer en la política, así que desarrollé una desconfianza en el sistema, aunque la *punkitud* siempre la llevé en las venas.

Un Testigo de Jehová tampoco podía hacer el servicio militar, por eso mi cuñado pasó un año en la cárcel por objeción de conciencia.

Un Testigo de Jehová no podía casarse con gente del mundo, por eso mi hermana se casó con el cuñado.

Un Testigo de Jehová no podía follar antes de casarse, y la putada es que tampoco podía divorciarse.

Un Testigo de Jehová no podía emborracharse, por eso le caían mal a mi padre.

Justamente él fue el caso a través del cual, en 1983, aprendí la incoherencia. Porque un Testigo de Jehová NO podía mentir. Eso nos enseñaban seis horas por semana, en las reuniones, el lunes, el miércoles y el sábado.

Pero yo al llegar a casa tenía que decirle a mi padre que veníamos del parque.

1993

Estoy en mi habitación con mis dos amigas. Estoy tumbada en el suelo, ellas sentadas en la cama. Hablamos bajito, porque mi madre no se puede enterar.

No sé quién empieza a hablar de la duda. ¿Tú crees en La Verdad? En los TJ, como los llamamos los jóvenes. Tenemos nuestro propio vocabulario, están «los del mundo» y estamos nosotros, los que estamos «en La Verdad». También están los que «ya no están en La Verdad», como lo que le pasa a mi madre. Fue expulsada. Lo peor que le puede pasar a un Testigo de Jehová. Ya nadie le habla en la comunidad.

Así, los TJ vienen a hacernos visitas de pastoreo, a nosotros, los niños de la expulsada, sin saludarla. Entran en su casa, con esa cara de bondad que a mí me da ganas de vomitar. Creo que la duda se cristalizó ahí y mi rabia también.

Veo a mi madre avergonzada desaparecer en su propia casa, veo a mi madre desesperada por volver a hacer parte de La Verdad. Pero tiene que esperar. Antes tiene que ser castigada. Rechazada por todos. Antes su vida privada tiene que hacerse pública. Antes tiene que pasar por la reunión de *ancianos*. Antes tiene que ser juzgada. Antes tiene que arrepentirse de haberse enamorado del mejor amigo de mis hermanos, aún casada con mi padre.

Pues sí que la lio mi madre. Vaya *rock star*. Voy a pasar de algunos detalles porque a ella le da vergüenza, aunque para mí ahí ella se transformó en mi heroína romántica. Ahí descubrí su valentía. A pesar de saber que iba a estar estigmatizada, decidió apostar por el amor. (Para que lo sepas, mi madre está casada hace más de veinticinco años con ese chico catorce años menor, al que mis hijos consideran como su abuelo; y que, a partir de 1997, juntos reintegraron a los Testigos de Jehová).

Pero ahora mismo estoy con mis cómplices, en mi habitación de la *rue* Couchirard. En Suiza, en Lausanne, con nuestras dudas. Con mi madre en la cocina.

ahora mismo todo va a titubear
vacilar
bascular
oscilar
al otro mundo
al que uno no se tiene que apegar
al que nos atrae a nosotras
al que no tiene moral
al que es peligroso
al que deseamos pertenecer

En esa habitación de la *rue* Couchirard numero 15, Eli, Estela y yo, con 15 años, hacemos un pacto. Juntas saldremos de La Verdad.

Al día siguiente le confieso a mi madre que ya no tengo la fe. Le explico que no quiero ser hipócrita,

que ya no quiero ser parte de la Verdad. Con mucho endulzo ella lo acepta.

Mi madre es una tía indulgente.

Es abierta, aunque venga del norte.

Al día siguiente, Eli me llama con lágrimas. Escondida en el bosque, su padre le pegó una ostia.

Su padre viene del norte, pero no es abierto como mi madre.

Estela nunca dijo nada, ni a su padre ni a su madre. Sigue dudando entre dos sillas, navegando entre dos mundos.

2003

QUIERO SALVAR a mi familia. Estoy sentada en la mesa del comedor. Los domingos, mi madre y su nuevo marido suelen hacer una comida familiar.

En mis recuerdos siempre hay una luz sepia, una rica comida y mucho vermut. El ambiente es cálido. Desde hace unos años vengo acompañada de mi novio David. Él se define como agnóstico. Agnóstico es una palabra nueva para mí. Pero durante el aperitivo, esa palabra se vuelve tan importante como la aceituna flotando en mi vermut. Y me gusta. Me tranquiliza saber que existen palabras que explican lo que siento. Con ellas puedo profundizar en lo que me pasa.

Aunque siempre me atraganto con el hueso. Y al final de la comida siempre acabo gritando: ¡Os están comiendo la cabeza y haciendo perder la vida!

2013

ESTOY VIENDO una película sentada en mi sofá. Hollywood se hace rico con el fin del mundo y yo me digo que los Testigos de Jehová hacen lo mismo.

1874, 1914, 1918, 1925, 1975: profecías incumplidas.

2023

CUANDO TENGO la suerte de estar con los míos, trato de aprovecharlos. Robarle una sonrisa a mi madre, un consejo meta-vida a mi hermano, un secreto de belleza a mi hermana.

Cuando rezan antes de las comidas, bajo la cabeza y acabo con un amén. Ya no me importa demostrar mi oposición. Hace unos meses hasta participé en la Conmemoración de la muerte de Jesús.

Daniel, el marido de mi madre y el casi-abuelo de mis hijos, quien había sido expulsado de los TJ por haberse enamorado de mi madre, ahora es *anciano* en la organización. Un anciano es lo que se puede acercar más a un cura en la Iglesia Católica. Por eso le toca dirigir la Conmemoración, la celebración más importante de los TJ. Así que cuando mi madre me propuso acompañarles al «Salón del Reino» para la ocasión, dije que sí, a cambio de irnos a cenar juntos después.

—¡Vale! Venga, pero después ¡cenamos en Ostrás Pedrín!

A mi madre le salió un grito de incredulidad. El grito de Munch en su versión felicidad. Estaba tan contenta de poder presentar por fin a su hija en su nueva congregación de Valencia... «Sí, es la pequeña, la que vive en Berlín».

Era otra ciudad, era otra época, era otra gente. Ya no eran los Álvarez, los Menale, los Martín, los Couto, los Puente, los Espejo, la Yolanda, la Conchi, la Vilariño, la Anabelle, las hermanas López, Béatrice y Monica, Elías, Daniel y Jonathan de mi infancia. Treinta años habían pasado, pero no había cambiado nada. Encontré la misma familiaridad entre la gente, la misma cálida bienvenida, los mismos gestos de fraternidad. Pero no encontré la fe. Aunque sí entendí que ya no quiero convencer a nadie.

Y como canta Lou Reed: «And I guess but I just don't know».

RIP

TENGO su anillo
tengo su permiso de caza
tengo su boca
tengo sus pelos negros
tengo su amor a los bares
tengo su nombre
tengo su signo astrológico
tengo recuerdos
pero nunca lo tuve a él.

Quiero decir, nunca me sentí cerca de él. No sé cómo explicarlo. Siempre fue un enigma y me impresiona bastante decidir hablar sobre él. No me acuerdo cuándo lo perdí, un martes o un viernes. No sé si era la primavera o en pleno diciembre.

No sé hablar de él.

De herencia recibí un 600 con fundas leopardo. ¿De dónde coño salió ese coche? ¿Lo habría ganado en una partida de póker? Vaya personaje. Un poco excéntrico, la verdad.

Cuando íbamos al chalet en los Alpes se vestía de traje, pantalón, camisa, chaleco y corbata. Cuando se iba a tomar unas copas iba de jinete.

Contaba a la gente que había construido el aeropuerto del Koweit y a mí me prometía que un día nos construiría una villa.

Tuvo varías mujeres:
mi madre
Mireille
otra que no me acuerdo de su nombre
y Dolores.
Dolores le quería.

Mi madre también le quiso en su tiempo, antes del drama. Menudo follón se montó en la cocina.

Yo no entendía de qué iba pero sí entendía que era grave, porque él gritaba que tenía un arma escondida y que se iba a cargar a Daniel, su amante.

Esa noche no hubo ningún crimen pasional, ni tampoco creo que existiera ningún arma. Era probablemente una fantasía más. Poco después se fue a vivir una calle abajo, la de las prostitutas, a casa de Mireille. A partir de ahí, mi madre y él no se hablaron nunca más.

Ella me decía de llamarle, de ir a verle, pero yo no lo hacía y él tampoco. Así nos quedamos una temporada a una distancia de 500 metros, sin contacto. Fue alrededor de mis dieciséis años cuando nos volvimos a relacionar. Yo iba a su casa porque me dejaba salir hasta más tarde por la noche, y también porque bebíamos juntos y eso le hacía hablar. Él, que nunca hablaba en casa. En esos momentos nos volvíamos cómplices.

Como cuando era pequeña y jugábamos con mis hermanos a caliente o frío y yo escondía las bolitas de papel en su barba de invierno. En verano se la afeitaba por completo, pero antes se hacía dibujos con los pelos de la cara para hacernos reír. En verano, cuando estaba de buen humor, preparaba limonada que nos tomábamos en el balcón al sol. Pero la mayoría de las veces volvía a casa de mal humor. Se le notaba porque tenía la ceja derecha levantada. En la familia Noya todos sabemos hacerlo.

En casa, cuando llegaba con su ceja levantada y una copita de más, todo se congelaba de golpe.

Los niños desaparecíamos en nuestras habitaciones y la bronca empezaba en la cocina con mi madre. Cuando la cosa se ponía *high level*, mi hermana mayor intervenía. Ella le odiaba. Yo nunca llegué a odiarlo, pero nunca llegué a quererlo, aunque mentía y le decía que le quería porque me daba pena. La misma pena que tuve esa última noche con él.

Dolores nos llamó para prevenirnos de que, si queríamos verle vivo, teníamos que venir ya.

Hacía tiempo que sabíamos que estaba enfermo, por eso el verano anterior pasamos una semana con él, con mis hermanos y nuestros hijos. Lo pasamos bien, con mis hermanos siempre lo pasamos bien. Comiendo mejillones de las bateas de Dolores, bañándonos por las Rías Baixas, bebiendo Albariño en los chiringuitos de la playa, aunque él ya no bebía. Dolores nunca supo que era alcohólico, y nosotros decidimos no desengañarla.

Ese último día, el domingo 22 de agosto de 2010, mis hermanos me esperaban en Valencia y de ahí subimos en coche hasta la isla de Arousa. Me hace gracia que muriera en una isla, suena como de película.

Viajamos el día entero, llegando por la noche. Fue la primera vez que vi lo que se acerca más a un cadáver. Estaba delgadísimo, con la boca abierta, y en el paladar tenía agujeros. Los ojos los tenía medio abiertos. Mi hermana pasó sin poder mirarlo. Mi hermano, no sé, pero a mí una energía me guió a acostarme a su lado en la cama. Acaricié sus pelos negros susurrándole al oído que no tuviera miedo. Así me despedí. Con mucha tranquilidad. Le di las gracias por lo que me había dado, la vida. Durante esa misma noche, Dolores me pidió ayuda para cambiarle el pañal. Levantando la sábana vi sus costillas y su corazón que latía, vi su sexo empequeñecido y una sensación de tristeza profunda atravesó mi cuerpo.

Murió esa misma noche.

Me gusta creer que nos esperó para morir.

Benjamin Noya Otero,
nacido en Bálsoma, Santiago de Compostela,
el 29 de mayo de 1947.
Segundo de una hermandad de siete hijos,
muerto a los 63 años de un cáncer del pulmón
en la isla de Arousa.
Vivió en Suiza empezando como albañil,
durmiendo en una choza montó su empresa,
Novabita, en los años 80,
hizo quiebra a finales de los 90.
Casado desde 1970 con Lucía Abeleira Cedeira
y divorciado en 1991,
tuvo tres hijos:
Lucy, Benjamin y Sonia Noya

La única y sola vez que amenacé a mi madre fue con un tenedor

DUDO que el detalle sea importante, pero es lo poco que me queda de la escena. Era la hora de comer y ella se puso como una fiera: imposible imaginarse dejar a su hija, con diecinueve años, parar sus estudios e irse de viaje. «¡Además con un árabe!», gritó. Eso me hizo saltar con el tenedor en la mano tratándola de racista. No sé cómo acabó la bronca, probablemente con gritos y lloros, pero el resultado de mi decisión me llevó a vivir entre Asia y Suiza, trabajando cuatro meses al año, durante ocho veranos. El plan no era mío, lo desarrolló David, el «árabe», que en realidad era francés de origen sefardí, o sea, judío. Nos conocimos en una discoteca en el invierno del 96.

Ese pibón de ojos tenebrosos decidió hablarme a mí. A mí y mi metro sesenta y uno. A mí y a mis ojos marrones de párpado caído. A mí y a mis ganas de aventura. Por fin alguien estaba hablando el mismo lenguaje en el que yo entendía la vida. Pero esa noche, aunque fue decisiva, me enfadé con él por pesado, y él conmigo por no quedarme. El día amaneció y yo desaparecí.

Por el barrio, por la mañana, preguntando por la chica pequeña de ojos marrones de párpado caído, llegó hasta mi casa. Mi madre le dejó entrar y yo, al verle ahí plantado, me enamoré.

Rápidamente lo vivimos todo juntos. Fusionales, apasionados, él todo fuego, yo toda aire. Así descubrí la bohemia, descubrí a Gainsbourg y descubrí el *business* del *import-export*. En menos de un año mi pasaporte español se tachó de visas, de idas y vueltas a Tailandia, a Nepal, a Malasia e Indonesia. Mi metro sesenta y uno empezó a sentirse grande y mis ojos marrones de párpado caído se iluminaron.

Bangkok, mi putilla, me has hecho perder la razón. Tú me inspiras más que ningún hombre. Me trago tus canciones en los taxis, me empapo del agua de tus barcos, cabalgo tus motos que me propulsan a toda hostia por las venas de tu tráfico. Me emborrachas con tu whisky casero en tus fiestas clandestinas, Bangkok, mi putilla.

Katmandú. Trabajo con Suresh, que lleva la tienda de su hermano. Al principio no fue fácil explicarle que las mangas de los *sweaters* necesitan ser iguales, pero con los años la calidad fue mejorando. Con el tiempo Suresh se hizo cercano. Le gustaba invitarnos a comer cosas extrañas. Ahora me encanta contar a mis niños que allí probé por primera vez ojos de buey acompañados de copos de avena. Lo que no les cuento es que al acabar el día de trabajo nos íbamos a fumar hachís al tejado de su casa.

Perhentian. ¿Por qué te escondes? Tan lejos de todo, tan difícil de encontrar. Me gustas, Malasia, para siempre me ahogaré en tus azules profundos. Hace poco Google me contó que te habías vestido de cemento. Me puso un poco triste, espero que lo lleves bien. *Pour toujours* serás la más bonita.

Sumatra, no te pongas celosa de Bali: tu hermana pequeña está llena de mocos.

Difícil de explicar los colores que con las primaveras se esfuman; se me encogieron los recuerdos de tantos lavados. Puede que me inventé esa noche en Kho Tao, cuando tiré al suelo su *laptop* y él se cargó el ventanal.

¿De verdad pasé la noche escondida en la jungla para que no me matase? Puede que nunca nos morreáramos en las calles de Padang, tras gritarnos como perro y gato, aplaudidos por el espectáculo por unas señoras. ¿Me imaginé esas semanas pasadas en esa isla desierta en Guinea Bissao y del miedo a que nadie nos rescatara? ¿Será que fue una pesadilla la noche en la que vomité dentro de su bolsillo por las drogas que me metieron en el vaso después de haber ganado 17.752,44 rupias en el casino? ¿Habrá sido un delirio la vez que nos estancamos con la furgo en el Sahara, sin saber si íbamos a salir vivos? ¿Fueron reales nuestros kilómetros de carcajadas?

No me acuerdo de su olor a miel mezclado a tabaco, ni de sus labios gruesos, ni del hueco entre sus dientes, ni de cómo le miraba el culo al subir las escaleras, ni de si me apretaba el mío cuando me besaba. No me acuerdo de esas mañanas robadas a los lunes, ni de nuestros inviernos paseando por las playas. No me acuerdo de las conversaciones meta-vida que nos llevaban hacia la madrugada.

¿Me habré montado una peli? ¡En el *soundtrack* toca Gainsbourg, *évidemment*! Él conocía sus temas de memoria, *MelodyNelson* era su preferido. Con *Creep*, de Radiohead, se nos enfoca en la furgo, cantando borrachos frente al radio casete. Sevilla pasa desapercibida, pero desde entonces sigo convencida que los autos se inventaron para escuchar a Tom York. Con *je t'emmène au vent*, de Louise Attaque, la escena se abre de noche, bailando en un bar en París. Eso de principio. En el clímax entra *je t'aime, moi non plus* y a partir de ahí empieza la decaída. Lentamente el chico más *sexy* de la ciudad se va transformando en mi mejor amigo. Mis sentimientos se hacen más ambiguos. De 10 pasan a 5 y de 5 pasan a 3. Dicen que el amor dura tres años, el nuestro duró seis. No hubo enfado, ni de su parte ni de la mía. Un acuerdo común. El amor fue mutando, acomodándose. Lleno de complicidad, el deseo se vació.

Dos años para separarnos físicamente. Dos años más para separarnos logísticamente.

En una terraza de Bangkok le confié que estaba harta de mi vida de viajes. Ahí sí que se enfadó.

Me trató de niña mimada, de privilegiada, de no valorar la suerte que tenía de estar ahí sentada en pleno febrero.

No sé en qué momento me cansé de escoger materiales, de crear modelos, de dar medidas a los S, a los M, a los L, de definir cantidades, de hacer cálculos, de tratar con las compañías de exportación, de tratar con los fabricantes, de manejar tanto dinero, asegurándome de que la mercancía llegaría con tiempo. ¿En qué momento me cansé de la vida con David, llena de lagunas, de arena fina, de sol y del *farniente* entre las temporadas?

Anthony Vouardoux, you son of a bitch

Cuando entras en su cocina, es lo primero que ves. Un cuadro blanco con letras rosas fluorescentes que le pinté para su cumpleaños en 2012.

Anthony es mi ex, pero también el padre de mis hijos. Estamos separados desde el 2014. Aunque el verbo *separar* no sea el más adecuado. Nos llamamos entre una y tres veces por día. Regularmente, tras haber dejado al pequeño en el cole, paso por su casa a tomar el cafecito, salimos de fiesta de vez en cuando, tomamos cervecitas a menudo y no es raro que nos hagamos vacaciones en familia. Hasta hace poco, Malou, la mayor, pensaba que esa buena onda entre padres separados era lo normal. Pero se enteró por sus amigos de que, por lo general, las frecuencias de las ondas son bastante malas.

Me gustaría dar la receta. Algunos dicen que somos inteligentes, pero yo sé que lo que tenemos es suerte. Pero no siempre ha sido así.

Anthony Vouardoux, you son of a bitch

Antes de estar colgado en su cocina, el cuadro lo tuve años colgando encima de mi cama. Como un crucifijo, sin darme cuenta de que eso podía impresionar, hasta que un amante me echó en cara que nunca iba a querer a nadie como había querido a ese tío.

El amante desapareció y el cuadro se quedó encima de mi cama unos años más. Pero eso tampoco ha sido siempre así.

Anthony Vouardoux, you son of a bitch

Cómo describir todo lo que fuimos. Estrellas fugaces, caballitos de mar, hadas y duendes. Imposible de explicar nuestra manera de funcionar. A los seis meses de conocernos me quedé embarazada. Al saberlo, explotamos de risa, lo que significó un sí, íbamos a ser padres. Pero no como los aburridos que cruzábamos por las calles de Lausanne. Así decidimos irnos a París y estudiar en el Actor's Studio de Jack Garfein.

Jack nos hizo soñar seis meses, contando sus paseos cogidos de la mano con Marilyn y de su amistad con James Dean. Jack, que con sus sesenta y ocho años estaba en pleno divorcio. París fue corto pero intenso.

Borrachos de amor en esa habitación de estudiantes de la calle Botzaris, vimos mis tetas crecer y mi tripa también.

Malou Gina Jane Noya, nació el 1 de abril de 2007.

Una boca rojísima de ojos oscuros que se agarraron a los míos chupando mi teta. Y sin tener marcha atrás, sentí por primera vez el vértigo de ser responsable para siempre. Pero lo asumí. Ahora iba a ser madre.

Anthony Vouardoux, you son of a bitch

Si mi peor enemigo es el aburrimiento, Anthony es mi elixir. Siempre tuvo ideas raras. Aplicar a una residencia de artistas en Berlín fue una de ellas. Era la noche del 8 de enero de 2008 cuando nos plantamos en la ciudad del legendario lema: *poor but sexy*. Pero llegar a Berlín con un bebé de diez meses, sin amigos, sin familia y sin trabajo..., fue *poor* pero nada *sexy*. Él estaba a tope con su proyecto de peli, yo estaba agotada con la *baby*. Pasé meses por los parques paseando a Malou, envidiando a la gente que se conocía. Odiaba Berlín y sus fiestas a las que no podía ir, odiaba a Berlín y a su comunidad de artistas a la que no pertenecía, odiaba Berlín y más que todo odiaba mi vida. Anthony empezó a tener éxito con su cortometraje. Él tocaba las nubes, yo tocaba fondo. En los festivales, me presentaba como asistente de REproducción, en eso me veía yo metamorfoseada. En una madre triste y aburrida. Observándome en mi agujero, a Anthony le salió otra idea rara. Superficial será el nombre de nuestro proyecto. Me negué al principio, no quería repetir la vida de *business* que acababa de dejar. Pero él insistió y Superficial nació. Una *boutique* llena de camisetas pop y objetos insólitos, donde podías topar tanto con un Moog One-16 como con los collares de las Chicks on Speed.

Comercialmente fue un desastre, pero los tres años que duró, Superficial se convirtió en uno de los antros *arty* de la Torstrasse.

Conciertos, programas de radio, fiestas, *performance*, más fiestas, prensa, vida social, artistas, desconocidos, conocidos, amigos, hasta que me quedé embarazada por segunda vez.

Ese día no explotamos de risa. Por casa, las broncas se oían más a menudo que nuestro buen humor. Empezábamos por la mañana. Tener una niña supone levantarse temprano cada día, de lunes a domingo. Y Malou no era ninguna excepción. Así empezaba el día, riñendo por quién se iba a levantar. Sin o con dolor de cabeza, habiendo dormido bien como no habiendo dormido nada. Cuántas veces me fui a esconder en el baño para llorar de rabia. Cuántas veces desvié mi camino para no llegar a casa. El ambiente olía a mi niñez con mis padres gritando en la cocina. ¿Cómo había sido tan *naïve*, para creer poder hacerlo mejor?

Fue Malou, con sus seis años, quien me convenció de tener el bebé. Mis hermanos siempre han sido un refugio para mí y quería ofrecerle lo mismo a ella. Ya que sus padres se iban al carajo, al menos tener un hermano con quién poder compartirlo.

Anthony no se había decidido, así que decidí yo. Tendría ese niño, con o sin él. Se lo grité a la cara, cogí a la niña y me fui a casa de mi madre para reflexionar.

Anthony Vouardoux, you son of a bitch

Suiza y sus montañas. Suiza y su tranquilidad. Suiza y las comidas de mamá. Dormir por las mañanas, no gritar cada puto día, no estar enfadada. Por fin reposar.

Hasta que un día las bragas se te manchan de sangre y Suiza se transforma en un infierno.

Hay llamadas que te cortan la vida en dos. Anthony acababa de recibir una de ellas. Vengase lo antes posible, su mujer se está muriendo y su bebé también.

Sid nació de milagro, con 985 gramos y 27 semanas. Ambulancias, helicópteros, transfusiones, urgencias.

Nuestra segunda luna de miel empezó en el hospital.

Tres meses de amor, tres meses de te quiero, tres meses de plenitud. El susto de la muerte nos acordaba una prolongación. La tregua iba a durar un año, antes de que la grieta se abriera por los mismos lados, haciéndose más profunda.

Las peleas de logística se hicieron más ruidosas, las frustraciones más dolorosas, el negocio de

Superficial se hundía y mis ilusiones de vida de familia se derretían. Un cóctel explosivo para echarlo todo por la ventana. Empezando por él.

Anthony Vouardoux, you son of a bitch

Cuando le pedí que se fuera de casa, en febrero de 2014, se llevó su ropa. Con los meses se llevó su Moog One-16 y al año se llevó la cama, pero no se llevó el cuadro.

¿Cómo fuimos pasando de la guerra a la paz? ¿Del amor a la amistad? No tengo la receta, pero hace unos años quiso recuperar su regalo y orgulloso lo colgó en su cocina.

LA CURVA

Un día quise ser bailarina

SE LO COMENTÉ a Anthony y, en esa época, él se rió de mí.

Me acuerdo de su cínico... «ya... ¡¿que ahora con 37 años vas a empezar una carrera en danza contemporánea?!».

Fue el mismo año, recién separada de Anthony, que empecé a convivir con la pelirroja y peligrosa Lola Rubio. Madre soltera y bailarina. Algo bruja y *somiatruites** a la vez. Será por esa mezcla que Lola nunca se rio de mí, ni de mi megalomanía. Así que salté al vacío y la red apareció.

Aunque Lola fue la que me apoyó, fue Arantxa Martínez, una de las primeras amigas que tuve en Berlín y una de las mejores bailarinas de la ciudad, quién me guió en mis primeros pasos de *performer*, empezando por llevarme a un espectáculo de Angélica Liddell: *Todo el cielo sobre la tierra (el síndrome de Wendy)*.

La pieza trataba del suplemento de dignidad que se otorga a las madres. ¿Cómo podía ser madre y amar a Angélica Liddell? Pero la *Wendy* me entró por

---

* *Somiatruites*, del catalán: con muchos pajaritos en la cabeza.

los poros. Y a partir de ahí nada fue igual. Me tomé en serio mis ganas de ser *performer* y la magia operó con la ayuda de la combinación de Lola y Arantxa, avisando de que Angélica buscaba gente para su nueva obra.

En el anuncio se estipulaba que tenías que estar de acuerdo en raparte el pelo y de estar desnuda en el escenario, y que la creación se haría en Lausanne, Suiza. Así que envié acojonada una foto mía y un cuestionario no muy complicado, y a los tres días me contestaron.

Raparme el pelo no me acojonaba. Bailar desnuda en el escenario tampoco me acojonaba. Pero sí me acojonaba dejar a mis hijos durante cinco semanas.

Es en ese tipo de situaciones donde puedes notar si alguien te apoya o no, y Lola ha sido la mejor *supporter* de todos los tiempos. Ella me convenció de ir, de que ella se ocuparía de los críos y de que todo saldría bien. Y así fue. Ella se ocupó de la intendencia y yo me ocupé de mí.

Entrar en el teatro, sentir el piso frío del escenario con tus pies descalzos, escuchar las indicaciones de los movimientos que tendrás que hacer, pensar que tampoco son tan complicados, observar los nervios que se apoderan de tu cuerpo, pero entender que ese miedo es lo que te hace vibrar.

Primera carta de San Pablo a los Corintios, Cantata BWV 4, Christ lag in Todesband. Oh, Charles!

—Entrar en el escenario con naturalidad, como entráis en el supermercado —decía Angélica.

—Ya, pero yo nunca voy desnuda al súper, contestaba Emma.

La naturalidad la fuimos encontrando de la misma manera que nos íbamos conociendo. Las semanas pasaban mientras la intimidad entre nosotras crecía. Sellamos la tribu en el sótano del teatro, como unas brujas haciendo un ritual, el día que sentimos la maquinilla que nos desprendió, por primera vez, de nuestros cabellos.

Algunas lloraron, otras reímos, pero todas supimos que estábamos viviendo juntas un momento único.

Lo que tenía que acabarse en cinco semanas, duró casi dos años.

Lo que solo tenía que ser un papel de extra, Angélica decidió que nos quería para toda la *tournée*. Cada mes y medio descubríamos un nuevo escenario, por todos los teatros de Europa.

Annecy fue la primera fecha.

Nuestro hotel estaba a cinco minutos del Teatro Nacional. Era un hotel de cinco estrellas, con sauna y albornoces incluidos. Y como a partir de ahí entendimos que nuestro cotidiano iba a estar compuesto de albornoz y desnudez, con una de mis colegas decidimos atravesar la ciudad en bata blanca, con la idea de acabar desnudas en el escenario.

Era un poco estúpido y Angélica nos pilló. Sentada en una terraza dando una entrevista para no sé qué periódico, nos vio, soltando: «¡Ah! Esas son mis actrices».

Vaya imagen: dos tías rapadas, en albornoz y Doc Marteens paseando por el centro de Annecy. Pero Angélica es una punky de verdad. Lo sentí cada vez que al final de las funciones, aclamadas por los aplausos, antes de hacer el saludo, siempre nos aplaudía a nosotras, detrás del telón, levantando su falda, aplaudiendo con su culo.

En Vicenza actuamos en el Teatro Olímpico, el primer teatro cubierto de la época moderna. *La Carta*, como solíamos nombrarla entre nosotras, exploraba el lado luminoso de la existencia al tiempo, examinando el sentido de lo sagrado y lo sacrílego. Meditando sobre el amor, el silencio de Dios, la vanidad, la herejía y el poder del sexo sobre la voluntad.

La mezcla de Dios y de sexo puso a los religiosos bastante nerviosos.

Los católicos italianos estaban encendidos, manifestándose cada día delante del teatro, por lo cual tuvimos que ensayar un protocolo de huida en caso de agresiones del público.

Aunque al público le encantó, al día siguiente estuvimos en la primera página de *Il Giornale di Vicenza*. Los periodistas nos habían transformado en Satanás. Pero tuvo su gracia pasearnos las cinco mujeres rapadas en una ciudad donde todos nos odiaban.

Me gustó mucho ser una rapada, creo que una mujer debería hacerlo una vez en su vida. Muy pocas veces me sentí tan rebelde y tan *sexy* a la vez. De ahí, nos auto-proclamamos Las Perras... Estábamos empoderadísimas y también muy calientes. Fue dentro de esas noches de calor donde tuve mi primer trío.

Una de las perras era abiertamente lesbiana y yo le gustaba, y no sé cómo, un día de borrachera, después de la *première*, nos fuimos tres de las cinco perras a la misma cama. Lo pasamos bien, pero yo ahí supe que no era lesbiana. No me faltó ninguna polla, pero entendí que mi construcción del deseo tenía que ver con lo diferente. También el olor, quizás, no sé. Lo intenté otras veces más con otras chicas, pero no me convenció. Me habría gustado ser lesbiana, más que nada por quedar en el mercado del deseo, de donde te echa la heterosexualidad, pasados los cincuenta, y siempre tuve mas éxito con las mujeres que con los hombres. Creo que tiene que ver con mi estilo un poco andrógino. No me gusta el papel de la chica frágil que hay que proteger.

Después de Italia, Alemania, Holanda, Suiza y otras fechas más en Francia, vino París. ¡Bam!

Era noviembre de 2015. ¡Bam!

El teatro del Odeón vino a recogerme al aeropuerto en Limusina. ¡Bam! Nos alojaron en el Marais, en un apartamento enorme con un piano en el comedor. Todo era súper *chic*. Cuando íbamos a los ensayos, mirando los carteles que anunciaban en formatos F4 el espectáculo con mi nombre encima, a mi ego le costaba salir por la boca del metro.

Cada día subiendo la calle Odéon veía escrito en el techo del teatro, con letras azules fluorescentes enormes:

THE WORLD IS YOURS

Y yo me sentía como Tony Montana. ¡Bam!

De cinco funciones, solo actuamos dos. ¡Bam! ¡Bam!

El 13 de noviembre de 2015, París se paró. ¡Bam! ¡Bam! ¡Bam! El pánico. El horror. El terror.

Al estar en la zona de los atentados, el teatro nos pidió dormir en los camerinos, por seguridad. Durante unas horas, Francia cerró sus fronteras y yo pensé en mis niños y en lo frágil que es la libertad.

Sin embargo, ahí empezó mi carrera de *performer* y Anthony nunca más se rio de mí.

UNO DE ESOS DÍAS...

... que entra la duda por la ventana

HACE 90 MINUTOS que estás frente a tu ordenador. Te viene una idea, mala. Te deshaces de ella, te levantas, haces pasos por la casa, le das a la cabeza, te viene otra idea, intentas pero por ahí tampoco sale nada, sabes que no tienes que hacerlo, pero lo haces igual, te abres una cerveza, para darte, si no es inspiración, al menos algo de motivación.

Encima de la mesa, el cenicero, el tabaco, una vela, el teléfono y una vieja taza de café. De ahí tiene que salir algo. Sale el sol. No quieres hablar del cielo, ni de la luz sepia que entra en la cocina. Hablas sola, en voz alta, pasas al salón, hojeas el libro que te regaló Diego. *Hotel Trip Carnival*, de Peru Saizprez. Diego dice que tenéis algo en común y te da miedo, porque Peru lo hace mejor que tú, aunque sabes que esto no es una competición, cada uno hace lo que hace. El libro es de color rosa y te gusta el detalle de las paginas: cuando están cerradas, se vuelven rosas también. Como las nubes que están pasando. Ahí te quedas un rato, mirándolas, rezando, esperando a que te revelen lo que tienes que escribir. Pero no descifras nada. Abres la segunda cerveza, ni por inspiración, ni por motivación, esto ya es por adicción. La misma que tienes con la escritura. Te preguntas si es por eso que solo te tocan los artistas que tienen las mismas adicciones que tú...

Despentes

Gainsbourg

Bukowsky

Duras

Deleuze

...

Houellebecq dice que «el alcohol no es la solución pero será inevitable» en su libro de poesía *Rester Vivant*. También habla del estilo: «si escribir en alejandrina te requiere un esfuerzo, déjalo, ese tipo de esfuerzo nunca da resultado. En cuanto a la forma, no dudes en contradecirte, bifurca, cambia de dirección, no te esfuerces en tener una personalidad, esta ya existe».

Te preguntas si la tuya es bastante fuerte como para mantener tantas palabras juntas, pero ya es tarde para pensar y, sin darte cuenta, la noche apareció, con ella la borrachera, y no habrás hecho nada de lo que tenías que hacer.

... que te gustaría escribir novelas eróticas

ÉL ESTÁ leyendo un libro, *Los hermanos Karamazov*, tirado en el sofá. Son las cuatro de la tarde, un verano en Berlín. Ella, a su lado, *topless* con los pantalones desabrochados, se está tocando el coño con su mano derecha sin parar de interrumpirle en su lectura con preguntas absurdas... ¿Qué hay de cierto en la teoría del Big Bang?... ¿Por qué *separado* se escribe todo junto y *todo junto* se escribe separado?... ¿Dónde está la otra mitad del medio oriente?... Él se queda sin contestar. Ella se corre una primera vez.

En su mirada no se le ve interesado, pero igual se le pone un poco dura. Tras su maullido de gata, ella enciende un cigarrillo, observándole, tocándose las tetas. Decide cambiar su técnica y empieza a insultarlo. De su boca salen palabras crudas con un tono lascivo: vete a la mierda, cabrón, me cago en ti, joder, me suda tu polla, gilipollas, que te follen, hijo de puta. Tranquilamente, él se desprende de su libro, y como un animal se echa encima de ella, agarra sus brazos sacudiéndola:

—¿Quieres que te la meta? —le grita a la cara. Ella le sostiene la mirada sin contestar.

Recibe una primera bofetada en su mejilla izquierda al mismo tiempo que la siente entre sus piernas.

Lentamente, como a ella le gusta. Le cae la segunda bofetada cuando le aprieta el culo. Otra vez, él le agarra los brazos, pero ahora chupándole las tetas. De sus brazos, las manos van a por su garganta:

—Meine kleine Mädchen —le susurra al oído. Ya casi no puede respirar, pero su coño pide más.

POR FIN la cámara se ha apagado, la escena se ha acabado, por fin los *back ups* se han terminado, y por fin estoy sola en casa.

He pasado el día desnuda, follando la mayor parte, insisto sobre el verbo, porque follar no se puede reducir a la penetración.

Nos hemos besado, olido, rasguñado, mordido, acariciado, reído..., fue tenso y tierno, fue *fake* y todo era real. ¡Esto se llama cine!, *baby*. Pero no te voy a explicar a ti lo que es rodar una peli... Vamos, que es intenso, más aún cuando se hace en tu propia habitación y que es tu primer papel de actriz "porno".

Son las doce y media de la noche y me he bebido una cerveza y media, y por fin estoy sola en la cama.

Me puse a leer tu mensaje, porque necesitaba entenderlo. Entender en qué lugar no estamos de acuerdo. Y te lo ruego: no te calles, pero si quieres que te escuche, abusa de tus "sensamientos" y tira menos de tu ira. Si quieres cambiar el mundo, empieza por ti y tu puto lenguaje *chéri*.

En el fondo, yo creo que tu piensas que me la suda todo lo que tenga que ver con la política (feminismo, patriarcado, capitalismo, colonialismo o hasta el cambio climático) y quizás en superficie tengas razón, porque mañana, 8 de marzo, no me parece importante ir por la calle a manifestarme, porque no quiero sentirme víctima, porque sentirse víctima es lo peor para sentirse libre. Me parece que la lucha se pasa en otros espacios, en el día a día, conocer y reconocer mi valor sin tener la necesidad de una validación exterior. Y no te equivoques, yo reconozco lo que mis mujeres del pasado han hecho por mí, y siempre las tengo en mi presente y son las mismas lágrimas que me dicen que la voz tiene que correr.

Desplazarse. De víctima a un lugar donde la estructura es desconocida. Necesito desplazarme. Y, claramente, cuando me desplazo, toda la partida se mueve.

En el juego contemporáneo, el jugador tiene el propósito de vencer, ¿pero qué pasaría si uno se desplaza sin querer ganar? ¿Todo se vuelca?

... que lo quieres echar todo a la basura

ANTHONY me dijo ayer que la basura de plástico acaba en *containers* enviados a otros países. No se recicla. Sale muy caro.

Montañas de contradicciones.

¿Por qué hablo de la basura?

Prefiero hablar de la ópera que oigo a lo lejos. Del silencio de la casa cuando se van los niños. De cómo me follaste hoy en el pasillo.

De la alegría cuando vuelven de jugar.

De las golondrinas que siempre se lanzan. De la sangre goteando entre mis piernas. De la ardilla muerta que vimos por la calle. De cómo se considera un cuerpo muerto. De si eso también es basura, y de todas las posibles vidas que se van en un Tampax.

... que recordarás como de los mejores

—¿PUEDES ABRIR la ventana? Huele a tabaco.
Industry baby.
En la cocina se baila, los gritos por la mañana,
mi café antes de nada.
Nwantiti me pone de buen humor.
¿Por qué me hablas así? Quiero una *Putzfrau*,
escríbelo tres veces en tu texto, no enciendas la ma-
quina, necesito silencio, no me hables, no me hables,
no me hables.
—El casero llamó.
—Llamaré a la Mietverein. ¿Puedo jugar a la Wii?
—¡No!
—¿Si me como los tomates puedo tener un perro?
—¡No!
Austronaut in the ocean.
a la virulé
alumio
al loro colega
brilli brilli.
huevi huevi
wafle
bretzel
¿Has dormido en casa? He dormido en tu cama.

¿Puede venir a dormir Domenic? Lélio duerme en el salón. Maryna se fue. Mi guitarrista también. Recojo a Inés a las 4. Mañana tenemos concierto. No te olvides de tus llaves. El sábado hay paella. Lávate la cara, lávate los dientes, péinate los pelos, no te lo voy a repetir, no te lo voy a repetir.

Little more action little less conversation.

Hoy estás cactus. Me quiero marchitar contigo. *Inévitablement.* Así somos casi siempre los mismos siete.

... que recordarás como de los peores

GUSTAV HOHENSTEIN nació en 1860. Ignoro si tuvo hijos, si tuvo amantes, pero sí sé que se casó con Sara Hohenstein, seis años menor.

Vivo en el segundo piso de la Pfuelstrasse 6, desde hace doce años.

En total pagué 172.800 euros como inquilina. En marzo de 2022, mi vivienda se vendió por 800.000 euros (con inquilinos, o sea, conmigo y mi familia).

Dentro de un año nos echarán.

5x5 cm tampoco es tanto en una calle de 110 metros de largo y unos 20 metros de ancho.

2 chapitas*, frente a la Pfuelstraße 6, queriendo confundirse con el resto de la calle.

Silenciosas.

A Gustav y Sara Hohenstein les deportaron con más de 70 años.

Silenciosos.

5x5 cm, tampoco es tanto para recordarlo.

---

* Las placas doradas de Berlín anuncian el lugar, fecha, nombre y apellido de las víctimas registradas del Holocausto durante el Tercer Reich.

No soy judía. Ni tampoco vivo en el Tercer Reich. No voy a perder la vida.

¿Pero, alguien me puede explicar cómo una gente que pueda comprarse una casa por casi un millón de euros no se puede permitir el capricho de comprar una casa vacía? ¿Alguien me ayudaría a entender en qué momento no he cumplido con el contrato? Quizás algunos meses, en doce años, con algo de retraso, lo admito; una factura inesperada, el regalo de los 14 de Malou, la bici de Sid, pero no lo entiendo. Hay gente que se suicida, yo solo quiero gritar. Fuerte, muy fuerte. Berlín, ¿en qué momento nos hemos perdido?

Yo estoy mal, pero tú estás fatal. ¿Quién te vendió? ¿Cómo puedes ser tan bruta?

¿Qué es lo que te dan para tratarnos tan mal? Te di mi alma, mi dignidad, hasta te di a mis hijos, que ademas el día que se quieran emancipar ni siquiera encontrarán un puto hogar en el barrio que les vio crecer. Joder, Berlín, con lo guay que estábamos antes, cuando éramos pobres. ¿Dónde está la época de Vowereit? al que le gustaban los artistas «no tienen dinero, pero molan sus fiestas». Berlín, mi punky Berlín, te has aburguesado. Ahora la gente viene a ti para trabajar. Montar *start ups*, montar familias decentes, montar, montar, montar, cuando lo que nos enseñaste era a desmontar.

Ahora mismo quiero esconderme. Cuando me despierto por las noches con la ansiedad, quiero esconderme debajo de la almohada. Conseguir dormir para nunca despertar.

Siempre empieza igual. Siempre son las 4AM

Soy de apego ansioso.

Lo sé, porque tengo un gran deseo de intimidad y siempre estoy pendiente del más mínimo detalle que pueda poner en peligro mi unión con el otro. Puedo interpretar actos inconscientes como una amenaza, y cuando mi aprensión me embarga, como no sé comunicarlo, monto un pollo.

En un análisis de supermercado, la cajera me diría que es culpa de mi madre, quien me confió a mi tía con menos de doce meses durante unos años, en Galicia, mientras ella intentaba lo mejor posible, tras haber sobrevivido cinco años sin papeles, establecerse en Suiza. Siempre me saca la lágrima al contarme que, al cabo de un año, ya no le llamaba mamá, y cuando venía a visitarme siempre se iba sin decirme adiós.

Me quedan algunos recuerdos, como la cicatriz de Harry Potter que llevo en la frente. Me caí en el borde de las escaleras de piedra en el patio de casa jugando con Gringo, el pastor alemán. A mi me llevaron en coche, sacando un pañuelo blanco por la ventana, como signo de urgencia, porque en Lañas, cerca de Arteixo, no subían las ambulancias. A Gringo le mataron. Así se hace en las aldeas, dijeron. Sin saber si era él el culpable. Estando jugando sola con el perro, mis tíos pensaron que, como era la hora de su comida, quizás Gringo se había cabreado.

También me acuerdo de los rincones de la casa. Cuando me comportaba mal, mi tío Tito me mandaba quedarme ahí un rato, frente a la pared.

¿Quizás tenga que ver con el apego que le tengo a las paredes?

Otro recuerdo es el sabor de la salsa de tomate Solís, con la que mi tía Lolita cocinaba los espaguetis. Más tarde, cuando ya vivía con mis padres en Suiza y nos íbamos a Lañas de visita, mi madre se ponía celosa, porque siempre me acababa toda la comida de la tía Lolita. Y que en su casa, que ahora era la mía, no me gustaba comer.

Tenía varios trucos antes de sentarme a la mesa.

Fingir la dormida, un mal de barriga, irme a la siesta con el bocado y despertarme horas después con la mejilla deformada.

Volví loca a mi madre con mi anorexia. Por eso pasé mi infancia en los nutricionistas. Así, mientras mis compañeros de clase comían chucherías en el recreo, a mí me tocaba un chorro de aceite de lino, servido en un trozo de pan negro con semillas.

Soy de apego ansioso.

También podría verlo a un nivel astrológico. Tengo Venus en Cáncer.

Es una Venus sensible, no me entrego a medias, necesito que me tranquilicen. En una relación monógama de amor romántico, mi síntoma podría pasar desapercibido.

—¡Si tienes Venus en casa XII! —me grita mi astróloga. —¡Aspiras al amor transformador! ¡Vamos, estás a punto!

—¿Ah sí, a punto, eh? ¿Pero apunto bien, no?

—¡Clarísimo!

—¡Ah, perfecto!... Como acabo de perder el juicio por la casa, el mismo día que empezó a gotear el grifo en la cocina, y que se estropeó la lavadora, la misma semana en que murió mi ordenador y que mi hija me pidió irle a buscar la receta de la píldora del día después al médico, porque se le había roto el condón la noche anterior, y que al llegar a casa, que ya no es mi casa, vi que me habían robado la bici, pensé... que todo era un desastre... Pero usted me afirma que no, ¿verdad?

—A ver, ¡concéntrate!, la consulta era sobre tu apego ansioso, ¿no?

—Sí... bueno...

—Yo lo que te estoy diciendo es que tu casi-novio... ¿por qué le llamas *casi*?

—Es que hace unos años su hijo le preguntó si éramos novios, y él se atragantó con la hamburguesa, soltando un tímido *casi*. ¡Es que somos casi de la familia, nos conocemos desde siempre!

—Bueno, aquí no estamos hablando de culpabilidades, sino de posibilidades para estar en sinergia con los planetas.

—Sí, sí, claro.

—Esta persona te está haciendo trabajar tu relación con el apego, porque tiene su luna en Acuario.

—¿Mmh?

—Necesita espacio, necesita sentirse independiente, y tú con tu luna en Géminis no soportarías una relación tradicional.

—Mmh, pero hasta ahora siempre fue lo que he vivido...

—Por eso, acepta esta oportunidad para cambiar.

—¡Mmh!

PÁGINA DE ARRIBA, IZQUIERDA

ESPACIO EN BLANCO

PODRÍA SER UN DÍA, PERO NO SÉ CUAL

EL SITIO, EL CONTEXTO, LA PARED: ME DA IGUAL

UN LUNES SIN FIN
UN FIN DE SEMANA

¿EL LUGAR?

ZONA DE INCONFORT

Hoy no me has llamado y me he dormido con el teléfono en la mano. Quizás hoy ya sea ayer, no importa. Hace días que ya no me importa nada. Ni las nubes del atardecer, ni la comida en mi plato, ni el libro que me regalaste. La poesía a la basura. Una barrida a nuestros trozos tirados por el suelo de la cocina.

Ya no sé tu nombre, ¿Emmanuel, David, Nico? No. Se me olvidó.

Solo recuerdo las lágrimas acumuladas en el rincón de mis ojos y, sin sorpresa, las sorprendo en mi boca.

ODIO EL AMOR. Me pone celosa. Qué más da que hayas pasado la noche riendo con ella, qué más da que hayas follado o no. Me gustaría ser inteligente, mi cerebro lo entiende, mis tripas no. Murmuran, cuidado con ese, susurran, hay competencia, me gritan, no es amor. Empeñada les hablo, con la tranquilidad de la anarquía relacional. Mis tripas no entienden nada de política. Se me anuda el estómago.

Si lo nuestro es sólido, ¿por que me pongo frágil cuando la ves? Mi *hotline* en poliamor, Julia, dice que en el fondo soy una monógama, porque cuando me enamoro soy bastante fiel. No sé si soy monógama o lo que dios quiera que sea, solo sé que los celos me hacen sentir estúpida y odio sentirme estúpida. Mis celos tienen que ver con el secreto, tu jardín secreto, por el cual caminamos tú y yo esa primavera. No quiero hacer un drama, haré una canción:

No habéis follado. Aunque a ti te hubiese gustado. Ella dijo que no. No por ti, sino por mí. Tu me lo cuentas todo. Ese es mi deseo y también nuestra costumbre, que cogimos cuando éramos solo amigos. Cuánta ligereza había en aquel entonces al contarnos nuestros ligues. De amigos pasamos a amantes, y de amantes a pareja. "Abierta" en teoría, pero ya se sabe que la práctica suele ser otra cosa. Tú no has cambiado, soy yo la que cambié. Será que Julia tiene razón.

Pasé la tarde analizando mi sentimiento, haciéndolo pasar de la emoción a la razón. Preguntándome cuáles serían mis posibilidades. Rallarme era una de ellas, pero me dije: ¿pa'qué? ¿Para no dejarte ser lo que eres? Así que la borré de mi lista. No ser pareja me pasó por la cabeza, pero me chifla cuando me presentas como tu «companya».

¿Dejarte?

No es una posibilidad.

Te quiero a mi lado, zorrita.

En *The Ethical Slut*, los autores definen el término *zorra* como «una persona de cualquier género que tiene el coraje de llevar la vida de acuerdo con la proposición radical de que el sexo es agradable y el placer es bueno para ti». Se recupera el término de su uso habitual como peyorativo y como simple etiqueta para una persona promiscua. En cambio, se usa para referirse a una persona que acepta disfrutar del sexo y el placer de la intimidad física con los demás, y elige comprometerse y aceptarlos de una manera ética y abierta, en lugar de hacer trampa.

SI NO HUBIESE ENTRADO
EN ESE BAR ESA NOCHE

Si no hubiese entrado en ese bar esa noche, **no habría conocido a Anthony.** Si no hubiese entrado en ese bar esa noche y no hubiese conocido a Anthony, **no me habría enamorado.** Si no hubiese entrado en ese bar esa noche y no hubiese conocido a Anthony y no me hubiese enamorado, **no habría estado embarazada.** Si no hubiese entrado en ese bar esa noche y no hubiese conocido a Anthony y no me hubiese enamorado y no hubiese estado embarazada, **no habría ido a París.** Si no hubiese entrado en ese bar esa noche y no hubiese conocido a Anthony y no me hubiese enamorado y no hubiese estado embarazada y no hubiese ido a París, **no habría estudiado en el Actor's Studio.** Si no hubiese entrado en ese bar esa noche y no hubiese conocido a Anthony y no me hubiese enamorado y no hubiese estado embarazada y no hubiese ido a París y no hubiese estudiado en el Actor's Studio, **no habría decidido irme a Berlín.** Si no hubiese entrado en ese bar esa noche y no hubiese conocido a Anthony y no me hubiese enamorado y no hubiese estado embarazada y no hubiese ido a Paris y no hubiese estudiado en el Actor's Studio y no hubiese decidido irme a Berlín, **no habría abierto una**

boutique. Si no hubiese entrado en ese bar esa noche y no hubiese conocido a Anthony y no me hubiese enamorado y no hubiese estado embarazada y no hubiese ido a París y no hubiese estudiado en el Actor's Studio y no hubiese decidido irme a Berlín y no hubiese abierto una *boutique*, **no habría conocido a Arantxa.** Si no hubiese entrado en ese bar esa noche y no hubiese conocido a Anthony y no me hubiese enamorado y no hubiese estado embarazada y no hubiese ido a París y no hubiese estudiado en el Actor's Studio y no hubiese decidido irme a Berlín y no hubiese abierto una *boutique* y no hubiese conocido a Arantxa, **no habría conocido al padre de sus hijos.** Si no hubiese entrado en ese bar esa noche y no hubiese conocido a Anthony y no me hubiese enamorado y no hubiese estado embarazada y no hubiese ido a París y no hubiese estudiado en el Actor's Studio y no hubiese decidido irme a Berlín y no hubiese abierto una *boutique* y no hubiese conocido a Arantxa y no hubiese conocido al padre de sus hijos, **no habría conocido a Lola.** Si no hubiese entrado en ese bar esa noche y no hubiese conocido a Anthony y no me hubiese enamorado y no hubiese estado embarazada y no hubiese ido a París y no hubiese estudiado en el Actor's Studio y no hubiese decidido irme a Berlín y no hubiese abierto una *boutique* y no hubiese conocido a Arantxa y no hubiese conocido al padre de sus hijos y no hubiese conocido a Lola, **no habría trabajado con Angélica Liddell.** Si no hubiese entrado en ese bar esa noche y no hubiese conocido a Anthony y no me hubiese enamorado y no hubiese estado embarazada y no hubiese ido a París y no hubiese estudiado en el Actor's Studio y no hubiese decidido irme a Berlín y no hubiese abierto una *boutique* y no hubiese conocido a Arantxa y no hubiese conocido al padre de sus hijos y no hubiese conocido a Lola y no hubiese trabajado con Angélica Liddell, **no habría hecho una gira internacional.** Si no hubiese entrado en ese bar esa noche y no hubiese conocido a Anthony y no me hubiese enamorado y no hubiese estado embarazada y no hubiese ido a París y no hubiese estudiado en el Actor's Studio y no hubiese decidido irme a Berlín y no hubiese abierto una *boutique* y no hubiese conocido a Arantxa y no hubiese conocido al padre de sus hijos y no hubiese conocido a Lola y no hubiese trabajado con Angélica Liddell y no hubiese hecho una gira internacional, **no habría actuado en el teatro Olímpico de Vicenza.** Si no hubiese entrado en ese bar esa noche y no hubiese conocido a Anthony y no me hubiese enamorado y no hubiese estado embarazada y no hubiese ido a París y no hubiese estudiado en el Actor's Studio y no hubiese decidido irme a Berlín y no hubiese abierto una *boutique* y no hubiese conocido a Arantxa y no hubiese conocido al padre de sus hijos y no hubiese conocido a Lola y no hubiese trabajado con Angélica Liddell y no hubiese hecho una gira internacional y no hubiese actuado en el teatro Olímpico de Vicenza, **no me habría enloquecido de Emmanuel.** Si no hubiese entrado en ese bar esa noche y no hubiese conocido a Anthony y no me hubiese enamorado y no hubiese estado embarazada y no hubiese ido a Paris y no hubiese estudiado en el Actor's Studio y no hubiese decidido irme a Berlín y no hubiese abierto una *boutique* y no hubiese conocido a Arantxa y no hubiese conocido al padre de sus hijos y no hubiese conocido a Lola y no hubiese trabajado con Angélica Liddell y no hubiese hecho una gira internacional y no hubiese actuado en el teatro Olímpico de Vicenza y no me hubiese enloquecido de Emmanuel, **no habría escrito *50 conceptos en torno al romanticismo.*** Si no hubiese entrado en ese bar esa noche y no hubiese conocido a Anthony y no me hubiese enamorado y no hubiese estado embarazada y no hubiese ido a Paris y no hubiese estudiado en el Actor's Studio y no hubiese decidido irme a Berlín y no hubiese abierto una *boutique* y no hubiese conocido a Arantxa y no hubiese conocido al padre de sus hijos y no hubiese conocido a Lola y no hubiese trabajado con Angélica Liddell y no hubiese hecho una gira internacional y no hubiese actuado en el teatro Olímpico de Vicenza y no me hubiese enloquecido de Emmanuel y no hubiese escrito *50 conceptos en torno al romanticismo*, **no habría pedido al padre de los hijos de Arantxa que acompañara mis textos con su guitarra.** Si no hubiese entrado en ese bar esa noche y no hubiese conocido a Anthony y no me hubiese enamorado y no hubiese estado embarazada y no hubiese ido a París y no hubiese estudiado en el Actor's Studio y no hubiese decidido irme a Berlín y no hubiese abierto una *boutique* y no hubiese conocido a Arantxa y no hubiese conocido al padre de sus hijos y no hubiese conocido a Lola y no hubiese trabajado con Angélica Liddell y no hubiese hecho una gira internacional y no hubiese actuado en el teatro Olímpico de Vicenza y no me hubiese enloquecido de Emmanuel y no hubiese escrito *50 conceptos en torno al romanticismo* y no hubiese pedido al padre de los hijos de Arantxa que acompañara mis textos con su guitarra, **no habría sido la cantante de La Dernière Mode.** Si no hubiese entrado en ese bar esa noche y no hubiese conocido a Anthony y no me hubiese enamorado y no hubiese estado embarazada y no hubiese ido a París y no hubiese estudiado en el Actor's Studio y no hubiese decidido irme a Berlín y no hubiese abierto una *boutique* y no hubiese conocido a Arantxa y no hubiese conocido al padre de sus hijos y no hubiese conocido a Lola y no hubiese trabajado con Angélica Liddell y no hubiese hecho una gira internacional y no hubiese actuado en el teatro Olímpico de Vicenza y no me hubiese enloquecido de Emmanuel y no hubiese escrito *50 conceptos en torno al romanticismo* y no hubiese pedido al padre de los hijos de Arantxa que acompañara mis textos con su guitarra y no hubiese sido la cantante de La Dernière Mode, **no me habría liado con mi guitarrista.** Si no hubiese entrado en ese bar esa noche y no hubiese conocido a Anthony y no me hubiese enamorado y no hubiese estado embarazada y no hubiese ido a París y no hubiese estudiado en el Actor's Studio y no hubiese decidido irme a Berlín y no hubiese abierto una *boutique* y no hubiese conocido a Arantxa y no hubiese conocido al padre de sus hijos y no hubiese conocido a Lola y no hubiese trabajado con Angélica Liddell y no hubiese hecho una gira internacional y no hubiese actuado en el teatro Olímpico de Vicenza y no me hubiese enloquecido de Emmanuel y no hubiese escrito *50 conceptos en torno al romanticismo* y no hubiese pedido al padre de los hijos de Arantxa que acompañara mis textos con su guitarra y no hubiese sido la cantante de La Dernière Mode y no me hubiese liado con mi guitarrista, **no habría convivido con Diego Agulló.** Si no hubiese entrado en ese bar esa noche y no hubiese conocido a Anthony y no me hubiese enamorado y no hubiese estado embarazada y no hubiese ido a París y no hubiese estudiado en el Actor's Studio y no hubiese decidido irme a Berlín y no hubiese abierto una *boutique* y no hubiese conocido a Arantxa y no hubiese conocido al padre de sus hijos y no hubiese conocido a Lola y no hubiese trabajado con Angélica Liddell y no hubiese hecho una gira internacional y no hubiese actuado en el teatro Olímpico de Vicenza y no me hubiese enloquecido de Emmanuel y no hubiese escrito *50 conceptos en torno al romanticismo* y no hubiese pedido al padre de los hijos de Arantxa que acompañara mis textos con su guitarra y no hubiese sido la cantante de La Dernière Mode y no me hubiese liado con mi guitarrista y no hubiese convivido con Diego Agulló, **nunca me habrías tenido entre tus manos.**

fr.wikipedia.org/sonianoya

Sonia Noya (nacida el 5 de junio de 1978 en Lausanne, Suiza, y muerta en Santa Eugenia de Ribeira, España, el 27 de noviembre 2049) fue una cantante, compositora, actriz y *performer*, considerada como un icono de la mala reputación.

Conocida principalmente por ser la cantante de La Dernière Mode [archive][1], grabó sin embargo seis álbumes en solitario, con la colaboración del compositor y arreglista Jose Del Palo [archive]. También actuó en la película post-porno Gemini [https://www.filmin.es/corto/gemini], de Álvaro Santisteban, y publicó un libro de poemas: *50 conceptos en torno al romanticismo* (Libros de la caverna, 2029) y el ensayo *No soy buena* (Circadian, 2033).

Biografía [modifier | modifier le code]

Sonia Noya proviene de una familia obrera emigrada en Suiza, con vínculos religiosos con los Testigos de Jehová[2]. A los diecinueve años, Sonia Noya monta su propio negocio de exportación e importación, viajando durante ocho años por Asia y África. En el invierno de 2006, conoce al artista visual Anthony Vouardoux [archive] con quien se muda a Berlín. De esa unión nacen Malou Gina-Jane Noya y Sid Noya. La pareja también dio a luz en 2011 a Superficial[3], una *boutique* de moda y un lugar de encuentro de la escena alternativa/punk berlinesa. Sonia Noya se separa de Anthony Vouardoux en 2014. Determinada en emprender una carrera de *performer*, se dedica a tomar talleres de danza hasta obtener su primer trabajo como profesional con Angélica Liddell[4], con quien hará una gira de dos años en los teatros más prestigiosos de Europa. En paralelo, su amistad con el guitarrista Eduard Mont de Palol la alienta a poner sus textos en música. Juntos crean en 2018 el dúo La Dernière Mode, revelándose contra las convenciones y prejuicios que envuelven a la música popular, componiendo micro-canciones. En 2022, La Dernière Mode firma con el *label* Carrot Tapes Music [archive][5] los tres álbumes del dúo: *Oui mais Non, Dekadenz und Dunkle Träume* y *9 de Espadas,* que les llevará a hacer una gira agitada por el Medio Oriente. Durante la producción del cuarto álbum, *It will end in tears,* en 2027, la relación con la discográfica se deteriora hasta el punto de que Carrot Tapes Music intenta expulsar a la cantante de sus propias sesiones de grabación. Ese incidente afecta la estabilidad del dúo, que termina separándose en 2029.

Hastiada de su incursión en la industria musical *commercial*, Sonia Noya se retira de la música durante un tiempo, escribiendo textos que no publica, hasta que en 2033, su tercer marido, el filósofo Diego Agulló, le presenta a la editorial Circadian, quien edita su ensayo *No soy buena,* una colección de relatos subversivos. La contraportada advierte que el libro «contiene pasajes que pueden herir la sensibilidad de algunos lectores», con lo cual gana una reputación en el "milieu" de los *Impresentables,* un movimiento poético influenciado por el decadentismo. Ahí se reúne con Boris Rosenberg, conocido por su sulfuroso *Punk Royal,* iniciando un período de romance precario berlinés que llevará a la pareja a expatriarse al norte de España con ganas de vivir al margen de la página.

A Sonia Noya se la vio por ultima vez paseando con su vestido negro por las orillas de Santa Uxia de Ribeira en 2049.

1. ↑ «La Dernière Mode» [archive], sur *La Dernière Mode* (consulté le 26 septembre 2022)

2. ↑ (es) «Testigos de Jehová», dans *Wikipedia, la enciclopedia libre*, 24 septembre 2022 [lire en ligne]

3. ↑ (en) «Retailer to watch: SUPERFICIAL, BERLIN» [archive], sur *the-spin-off.com* (consulté le 26 septembre 2022).

4. ↑ (en) «Künstler*innenhaus Mousonturm - Angélica Liddell (Madrid/Gent) Primera carta de

San Pablo a los Corintios. Cantata BWV 4, Christ lag in Todesbanden. Oh, Charles!» [archive], sur www. mousonturm.de (consulté le 26 septembre 2022).

    5. ↑ «Nunca lo he hecho en un Motel, by Roberto Ncar» [archive], sur *Carrots Tapes* (consulté le 26 septembre 2022).

En caso de reclamación,
póngase en contacto con Diego Agulló:

diegonante@googlemail.com

Por cierto, aunque todo esto ha sido por culpa de Diego Agulló, fue también conspirado gracias al soporte de Yuán Silva, quién me empujó a ir a por las encrucijadas.

Merci a Alan Pauls, quien un día entró en mi salón, sin saber dónde ponía los pies, y que no le dio miedo en reiterar.

Y ya que estamos, a Eduard Mont de Palol, aunque no es un blandito, cuando le parece bien, también me lo dice.

A estas alturas quiero dar las gracias a Anthony Vouardoux, que desde que nos separamos me apoya como nadie. Elogio a la separación.

Pero todo esto no habría podido ser todo esto sin mi familia, la nuclear, la base: Lucía, mi hermana, Benjamín, mi hermano, Lucía (la original), mi madre, quien seguramente me llevará a juicio si esto se publica.

Natürlich, danke a mi familia escogida, la de Berlín, que algunos se reconocerán y otros se quedarán contentos por no aparecer. Que sepáis que todos estáis ahí.

Ein besonderes Gracias a Jesús Acevedo, por leerme y releerme sin nunca quejarse.

Of course, a mi editor, Jorge Ruiz Abánades, que sin él este manifiesto de macarra se habría quedado en un cajón. (Lo siento, mamá).

A Patricia Lorente, por parte del editor, por su ayuda en la interminable caza de erratas (que seguro quedarán).

Y más que nada, gracias a los que se lo tienen que comer todo con patatas. Malou y Sid.

Mis héroes.

LIBROS
DE LA
CAVERNA